첫발 내딛기!
술술 다 되는
반가운 영어 ①

반가운 지음

머 리 말

**인스턴트
꿀 영어**

　이 책은 꿀이다. 진짜 꿀이다. 수저는 꿀통에 담가놓아도 꿀맛을 모른다. 그러나 혀는 꿀 한 방울만 떨어뜨려도 꿀맛을 안다. 당신은 수저가 되려는가, 아니면 혀가 되고 싶은가?

　우리들은 하루가 다르게 지식이 폭발적으로 불어나는 세상에 살고 있다. 불어나는 그 방대한 양의 지식을 도저히 맛 볼 수조차 없다. 우리가 만일 어느 분야의 학문을 fast food나 인스턴트커피처럼 그렇게 쉽게 즐겨 먹고 소화할 수 있도록 fast food화(化)하거나 인스턴트화할 수 있다면 얼마나 좋을까! 말하자면 철학, 수학, 화학, 물리학, 천문학, 경영학, 영어, 일본어, 중국어 등등 이 모든 학문을 fast food나 인스턴트 커피처럼 먹기 쉽고 맛있게 가공 처리할 수는 없을까? 꿈같은 공상과학 이야기다. 그런데 공상에서 시작한 꿈이 현실이 되는 사례(事例)는 비일비재(非一非再)하다. 그 일례(一例)가 비행기다. 새처럼 날 수 없을까? 누군가의 공상이었다. 그런데 우리는 지금 날고 있지 않은가! 그래서 영어를 fast food처럼 손쉽게 먹을 수 있도록 인스턴트영어 개발(開發)에 내 평생 대부분을 바쳤다. 그대는 지금 꿀처럼 달디 단 인스턴트영어를 만지작거리고 있다.

　먹어보시라. 꿀맛이다. 진짜 꿀맛이다. 이 꿀단지 덕분에 나의 큰아들은 서울대학교 의과대학을 거쳐 성형외과 원장이 되었고 작은아들은 한양대학교 의과대학을 거쳐 피부과 의사가 되었고 조카는 서울대 법대를 거쳐 금융계의 유망주가 되었고, 또 하나의 조카는 서강대 영문과를 거쳐 일약(一躍) 경위로 시작하여 경감이 되었다.

2016년 1월 2일 반가운

저자의 반성

죄인

우리들은 부지불식간(不知不識間)에 실수를 하거나 죄인이 되는 경우가 허다한 게 아닐까? 대화하다가 "그런 뜻이 아닌데"라고 해명하는 경우가 있다. 자기도 모르는 사이에 실수했거나 감정을 건드린 것이다.

열의에 불타던 약관(弱冠)의 교사 시절에 나는 나도 모르게 죄에 얼룩진 교사였다. 열의와 사랑만 있으면 되는 줄 알았다. 교사에게 열의와 사랑은 기본 요건인데 말이다. 아는 것도 없었지만 안다고 가르칠 수 있을까? To know is one thing; to teach another. 라 하지 않는가?

영미에서는 교사를 '가르치다(teach) + 행위자(er)'로 표기한다. 즉 teacher(가르치는 자)라고 표기한다. 우리네는 가르치는(教) 스승(師)이라 하여 격이 높다. 또 가르치는 채찍(鞭)이 주어졌다 하여 교편을 잡았다 라고도 한다. 과연 내가 스승(師)의 역할을 제대로 했고 주어진 채찍을 제대로 사용했는지 자문(自問)해 보면 그렇다고 대답할 용기도 배짱도 없다. 그래서 나는 죄인이다. 최초의 10년은 채찍을 마구 휘두른 가르치는 자(teacher)에 불과했고 스승은 아니었다. 본의는 아니었지만 그들은 내 가르침의 실험 대상이었고 그래서 희생자(martyr)이기도 했다.

연금술(鍊金術)은 미신과 실험과 철학의 결합(combination)이라는데 그 연금술이 화학을 낳았으니 악(惡)이 선(善)을 생산할 수도 있다는 것이 한 가닥 위안이 되어 자책(自責)의 아픔이 감소되는 기분이다. 최초 10년 동안 내가 가르친 방법이 연금술이었다면 온갖 방법으로 실험(experiment)을 거쳐 나온 본서의 내용은 화학에 해당한다고 말한다면 지나친 과장일지도 모른다.

어지럽게 돌아가는 세상! 잠시만 이 책에 눈길을 주어 보시라. 속죄하는 심정으로 내놓은 이 책에는 무언가 다른 것이 많이 있다는 것을 발견할 것이다. 이 책은 인스턴트 화(化)한 영어다. 인스턴트는 먹기 쉽고 간편하다.

2016년 1월 2일 반가운

CONTENTS

머리말 |006|
저자의 반성 |007|
목차 |008|

LESSON 1

I like Tom

01. 단어 외우기 |014|
02. 『~은 ~을 ~한다』 |015|
03. a의 뜻 |018|
04. The 〈그~〉가 하는 일 |019|
05. -s에 유의하기 |021|
06. Have와 Has |023|

LESSON 2

I study English hard

01. 단어 외우기 |030|
02. 부사를 사용하기 |032|
03. 부사의 배열 |033|
04. 목적어가 없는 문장 |034|
05. -s와 -es |036|
06. in, for, about, with |038|

LESSON 3

My mother loves me

01. 단어 외우기 |044|
02. 인칭대명사의 격의 변화 일람표 |045|
03. 주격의 용법 |046|
04. 소유격의 사용법 |047|
05. 목적격의 사용법 |048|
06. many와 much |049|
07. he와 his |052|
08. for me인가 혹은 for I인가? |053|

LESSON 4

Do you learn English?

01. do를 이용하는 의문문 |061|
02. does를 이용하는 의문문 |062|
03. 묻고 대답하기 |063|

What do you want?

- 01. 단어 외우기 |072|
- 02. 의문사의 활용 |074|
- 03. who, whose, whom |076|
- 04. how, why, what time |080|
- 05. which의 두 가지 뜻 |084|

I do not know him

- 01. 단어 외우기 |095|
- 02. 부정문 do not |096|
- 03. 부정의 의문문 |101|
- 04. 문답하는 방법 |102|
- 05. 빈도부사 |105|
- 06. 명령문 |108|
- 07. ~합시다 |111|

LESSON 7

This book is easy

01. 단어 외우기	|116|
02. 형용사의 용법	|117|
03. is + 형용사	|118|
04. is 대신에 are를 사용하는 경우	|122|
05. 형용사의 두 가지 기능	|128|
06. is + 명사	|129|
07. 의문문 만들기	|136|
08. 부정문 만들기	|136|
09. 문답하는 방법	|138|
10. 나이, 길이, 높이 등을 말하기	|143|

LESSON 8

What is this?

01. 단어 외우기	|150|
02. what, who가 있는 의문문	|151|
03. whose, which가 있는 의문문	|156|
04. how + 형용사	|161|
05. 감탄문	|166|
06. be를 사용하는 명령문	|178|
07. be와 빈도부사	|179|
08. be + 형용사 + of	|182|

LESSON 9

There is a cat in my room

01. 단어 외우기	|191|
02. ~에 ~이 있다	|192|
03. a few와 a little	|195|
04. 부정문	|197|
05. 의문문	|199|
06. 묻고 대답하기	|199|
07. 의문사가 있는 의문문	|205|
08. 주어 + is + 있는 장소	|209|
09. 『있다』와 『있었다』	|213|
10. where, who, whose	|219|

LESSON 10

Phonics

01. 국제음성기호	|226|
02. 읽기 연습	|228|
03. 발음부호 안 보고 읽기	|236|

해답 및 풀이 |253|

LESSON 1

LESSON 1

단어 외우기 (천리 길도 한 걸음부터) 01

철자	발음기호	뜻	철자	발음기호	뜻
I	[ái]	나는, 내가	teacher	[tíːtʃər]	선생, 교사
you	[juː]	너는, 네가, 당신이	car	[kaːr]	차
we	[wi]	우리들은	know	[nou]	알다
he	[hiː]	그이는, 그이가	Tom	[tam]	톰 (남자의 이름)
she	[ʃiː]	그녀는, 그녀가	Jane	[dʒein]	제인 (여자의 이름)
they	[ðei]	그들은, 그들이	help	[help]	돕다, 도와주다
learn	[ləːrn]	배우다	house	[haus]	집
English	[íŋgliʃ]	영어	pencil	[pénsl]	연필
boy	[bɔi]	소년	like	[laik]	좋아하다
girl	[gəːrl]	소녀	apple	[æpl]	사과
have	[hæv]	가지고 있다	dog	[dɔg]	개
has	[hæz]	가지고 있다	book	[buk]	책
want	[wɔnt]	원하다	the	[ðə, ði]	그 ~
meet	[miːt]	만나다			the book 그 책
visit	[vízit]	방문하다	a	[ə, ei]	하나의 ~
Korea	[kəríə]	한국			a book 책 한 권

「~은 ~을 ~한다」   02

이제부터 다음과 같은 문장을 배우게 된다.

① 주어	③ 목적어	② 동사
나는	영어를	배운다.
우리들은	톰을	좋아한다.
그들은	제인을	돕는다.

위의 우리말을 영어로 나타내려면 아래의 보기와 같은 순서로 말해야 한다.

① 주어	② 동사	③ 목적어
나는	배운다	영어를
우리들은	좋아한다	톰을
그들은	돕는다	제인을

위의 문장에서

① 의 칸에 있는 말 <나는, 우리들은, 그들은>을 『주어』라고 부른다.
② 의 칸에 있는 말 <배운다, 좋아한다, 돕는다>를 『동사』라고 부른다.
③ 의 칸에 있는 말 <영어를, 톰을, 제인을>을 『목적어』라 부른다.

앞에서 공부한 내용으로 미루어 보아 다음의 사실을 알 수 있다.

- 우리말의 순서 : 주어 + 목적어 + 동사
- 영어의 순서 : 주어 + 동사 + 목적어

다음 문장의 주어, 동사, 목적어를 말해보아라.

(1) 그녀는 (   ) 톰을 (   ) 돕는다 (   ).

(2) 우리들은 (   ) 톰을 (   ) 좋아한다 (   ).

(3) 그들은 (   ) 차를 (   ) 가지고있다 (   ).

연·습·문·제 1

다음의 문장을 영어로 말하려면 어떤 순서로 말해야 하는가?

(1) 그녀는 차를 한 대 원한다.

(2) 우리들은 그 소녀를 안다.

(3) 나는 너를 좋아한다.

(4) 나는 영어를 배운다.

아래의 우리말을 영어로는 어떻게 말하는지 살펴보자.

① 주어	③ 목적어	② 동사
우리들은 (we)	톰을 (Tom)	안다 (know).
나는 (I)	영어를 (English)	배운다 (learn).
그들은 (they)	자동차를 (a car)	원한다 (want).

영어로는 아래와 같이 말한다.

① 주어	② 동사	③ 목적어
We	know	Tom.
I	learn	English.
They	want	a car.

주의 문장의 첫 글자는 대문자로 써야 한다.

옳은 것	We	know	Tom.	They	want	a car.
틀린 것	we	know	Tom.	they	want	a car.

주의 모든 사물의 이름은 첫 글자를 대문자로 써야 한다. **English**는 영국말의 이름이다. **Tom**은 어떤 남자의 이름이다. **Korea**는 우리나라의 이름이고 **Seoul**은 우리나라 수도의 이름이다.

옳은 것	I	like	Tom.	I	like	Korea.
틀린 것	I	like	tom.	I	like	korea.
옳은 것	I	learn	English.	I	know	Jane.
틀린 것	I	learn	english.	I	know	jane.

a 의 뜻 03

a 가 무슨 뜻을 가지고 있는지 눈여겨보세요.

a	명사	명사의 뜻	a의 뜻	a	명사	명사의 뜻	a의 뜻
a	boy	소년	한 명	a	flower	꽃	한 송이
a	pencil	연필	한 자루	a	dog	개	한 마리
a	boat	배	한 척	a	book	책	한 권
a	tree	나무	한 그루	a	house	집	한 채

주의 사람의 이름, 나라의 이름, 도시의 이름, 바다의 이름, 강의 이름, 별의 이름, 호수의 이름, 거리의 이름(종로, 을지로 등), 산의 이름 등을 고유명사라고 부른다. 고유명사에는 a를 사용할 수 없다.

옳은 것	I like		Tom.	<나는 톰을 좋아합니다.>
틀린 것	I like	a	Tom.	사람의 이름에 a를 사용할 수 없다.
옳은 것	I like		Korea.	<나는 한국을 좋아합니다.>
틀린 것	I like	a	Korea.	나라의 이름에는 a를 사용할 수 없다.
옳은 것	We learn		English.	<우리들은 영어를 배웁니다.>
틀린 것	We learn	a	English.	English는 고유명사이므로 a를 사용할 수 없다.

the 가 하는 일 (the의 역할) 04

the [ðə] 의 뜻은 「그 ~」이고 다음과 같이 사용된다.

the boy	**the** girl	**the** book	**the** house
⇩ ⇩	⇩ ⇩	⇩ ⇩	⇩ ⇩
그 소년	그 소녀	그 책	그 집

 주의 사람의 이름이나 나라의 이름에는 the를 사용하지 않는다. 이러한 말을 고유명사라 부른다.

옳은 것		Korea	한국		Tom	톰
틀린 것	~~the~~	Korea	그 한국	~~the~~	Tom	그 톰

『그 소년』과 『그 소년들』을 다음과 같이 나타낸다.

단수	the boy	그 소년	the girl	그 소녀
복수	the boys	그 소년들	the girls	그 소녀들
단수	the dog	그 개	the cat	그 고양이
복수	the dogs	그 개들	the cats	그 고양이들

 주의 어떤 단어의 뒤에 -s를 붙이면 「-들」이라는 뜻이 된다. 그러므로 고유명사에는 -s를 붙일 수 없다.

옳은 것	Korea	한국	Tom	톰
틀린 것	Koreas	한국들	Toms	톰들
옳은 것	Seoul	서울	London	런던
틀린 것	Seouls	서울들	Londons	런던들
옳은 것	Lincoln	링컨	China	중국
틀린 것	Lincolns	링컨들	Chinas	중국들

-s 에 유의하기   05

아래 각 쌍의 문장에서 -s를 눈여겨보세요. 영어의 어순은 ① + ② + ③ 이다.

① 주어	③ 목적어	② 동사	① 주어	② 동사	③ 목적어
그 선생님 은	차를	원한다	The teacher	wants	a car.
그 선생님들은	차를	원한다	The teachers	want	a car.

① 주어	② 동사	③ 목적어	뜻
The boys	learn	English.	그 소년들은 영어를 배운다.
The boy	learns	English.	그 소년 은 영어를 배운다.

※ 주어에 -s가 있으면 동사에 -s를 붙일 수 없다.
※ 주어에 -s가 없으면 동사에 -s를 붙여야 한다.

위 문장으로 미루어 보아 우리들은 다음의 사실을 알 수 있다.

- 주어에 -s가 있으면 동사에 -s를 붙이지 않고,
- 주어에 -s가 없으면 동사에 -s를 붙여야 한다.

다시 말하면, 주어가 복수이면 주어에 -s를 붙이고, 동사에는 -s를 안 붙이며, 주어가 단수이면 주어에 -s가 없으므로 동사에 -s를 붙여야 한다.

다음의 문장 (1-ㄴ) (1-ㄷ)의 주어에는 -s가 없지만 they와 we가 복수이기 때문에 동사에 -s를 붙일 수 없다.

	주어	동사	목적어	
(1-ㄱ)	He	learns	English.	they와 we는 그 자체가 복수이다. they의 복수는 theys가 아니며 we의 복수는 wes가 아니다.
(1-ㄴ)	They	learn	English.	
(1-ㄷ)	We	learn	English.	

바로 앞에서 배운 문장의 뜻은 아래와 같다.

	주어	목적어	동사
(1-ㄱ)=	그는	영어를	배웁니다.
(1-ㄴ)=	그들은	영어를	배웁니다.
(1-ㄷ)=	우리들은	영어를	배웁니다.

주의 I <나>와 You <너>는 단수이지만, I 와 you가 주어인 경우에는 동사에 -s를 붙이지 않는다. 즉, I와 you는 예외로 취급된다.

옳은 것	I	learn	English.	나는 영어를 배운다.
틀린 것	I	learns	English.	
옳은 것	You	learn	English.	너는 영어를 배운다.
틀린 것	You	learns	English.	

	톰과 제인은	돕는다	서로	
옳은 것	Tom and Jane	help	each other.	* each [i:tʃ]
틀린 것	Tom and Jane	helps	each other.	* other [ʌðər]

* and [ænd, ənd] 의 뜻: ~와, ~과 / 보기 : a dog and a cat = 개와 고양이
- "톰과 제인"은 두 사람이니까 복수이다. 그러므로 동사에 -s를 붙일 수 없다.

have 와 has 06

① 주어가 복수이면 has를 사용하지 않고 have를 사용해야 한다.
② 주어가 단수이면 have를 사용하지 않고 has를 사용해야 한다.
③ 주어가 I이면 have를 사용해야 한다. has를 사용하면 안 된다.
④ 주어가 you이면 have를 사용해야 한다. has를 사용하면 안 된다.

* have와 has의 뜻 : 「~를(~을) 가지고 있다」

| (2-ㄱ) | The teachers | have | a car. | 그 선생님들은 차를 한 대 가지고 있다. |
| (2-ㄴ) | The teacher | has | a car. | 그 선생님 은 차를 한 대 가지고 있다. |

※ (2-ㄴ)을 "The teacher haves a car."라고 하면 안 된다.

(2-ㄷ)	The farmers	have	a car.	그 농부들은 차를 한 대 가지고있다.
(2-ㄹ)	The farmer	has	a car.	그 농부 는 차를 한 대 가지고있다.
(2-ㅁ)	I	have	an appointment	나는 약속이 있어요.
(2-ㅂ)	We	have	a dream.	우리들은 꿈이 있어요.

* appointment [əpɔ́intmənt] 약속 : "어포인트먼트"라고 읽음
* dream [dri:m] 꿈

have와 has를 사용한 문장을 살펴보자.

Tom	has	a car.	톰은	차를 한	대	가지고 있다.
Jane	has	a car.	제인은	차를 한	대	가지고 있다.
He	has	a car.	그는	차를 한	대	가지고 있다.
She	has	a car.	그녀는	차를 한	대	가지고 있다.
We	have	a horse.	우리들은	말을 한 마리		가지고 있다.
They	have	a horse.	그들은	말을 한 마리		가지고 있다.
I	have	a cow.	나는	소를 한 마리		가지고 있다.

※ "톰은 차를 한 대 가지고 있다"를 "톰은 차가 있다" 또는 "톰은 차가 있어요"라고 말해도 된다.

* horse [hɔːrs] 말　　* cow [kau] 암소

문법은 닭의 갈비 같은 것이다.

　닭의 갈비를 계륵(鷄肋)이라고 합니다. 내가 젊었을 때만 해도 닭의 갈비에는 살점이 전혀 붙어 있지 않았어요. 오늘 날 우리의 생활이 수십 년 전에 비하여 놀라울 정도로 넉넉해졌기 때문에 우리들 중에 닭의 갈비를 아까워할 사람은 없습니다. 과거에 가난에 쪼들렸던 우리의 조상들은 닭의 갈비는 비록 살점 하나 붙어 있지 않았지만 버리기에는 아까웠던 거예요. 그렇다고 먹자니 먹을 것이 없었고요.　그래서 버리기는 아깝고 가져봐야 소용이 없는 물건을 계륵(鷄肋)이라고 했답니다.

　영국 사람이나 미국 사람들에게 영문법은 계륵이나 다름없을 거예요. 그러나 우리들은 영문법을 굳이 계륵이라고 말할 수는 없는 것 같아요. 영어를 쉽게 배우는 수단으로 필요할 때가 있거든요. 그래서 문법 이야기를 조금씩 해야 할 것 같아요. 이미 여러분은 문법에 대하여 조금 공부했어요. "주어, 동사, 목적어"라는 말이 문법에서 나오는 말이거든요. 우선 명사(名辭)와 수(數)에 대하여 설명하겠어요.

보통명사와 고유명사

※ 어떤 이름을 자기 혼자만 가지고 있는 명사를 고유명사라 부른다.
※ 고유명사에는 a를 사용할 수 없다.

보통명사	고유명사	보통명사	고유명사
사람 ⇒	홍길동, 이순신, 에디슨	바다 ⇒	황해, 태평양, 지중해, 동해
산 ⇒	백두산, 후지산, 지리산	별 ⇒	금성, 북극성, 토성, 목성
강 ⇒	한강, 나일강, 아마존강	잡지 ⇒	주부생활, 타임, 월간조선
도시 ⇒	서울, 런던, 뉴욕	신문 ⇒	동아일보, 조선일보
기차 ⇒	KTX, 무궁화호	책 ⇒	삼국지, 논어, 삼국유사
건물 ⇒	63빌딩, COEX빌딩	나라 ⇒	한국, 프랑스, 영국
거리, 길 ⇒	종로, 을지로, 세종로	대륙 ⇒	아시아, 유럽, 아프리카

주의 꽃은 보통명사이고 "장미, 백합, 진달래, 코스모스"등은 고유명사라고 착각하면 안 돼요. 왜냐고요? 장미는 "한 송이, 두 송이" 이렇게 셀 수 있거든요. 다시 말하면 이 세상에 장미가 하나만 있는 게 아니잖아요.

하나 더 예를 들겠어요. 짐승은 보통명사이고 개는 고유명사라고 착각하지 마세요. 만일 당신의 개에게 "메리"라고 이름 지어주었으면 "메리"가 고유명사입니다.

단수와 복수 : 사물이 한 개인 것 또는 사람이 한 명인 것을 단수라 하고 두 개 이상이면 복수라 합니다. 보통명사의 끝에 -s를 붙이면 복수가 됩니다.

단수	boy ⇩	car ⇩	dog ⇩	girl ⇩	house ⇩	he ⇩	I ⇩
복수	boys	cars	dogs	girls	houses	they	we
뜻	소년들	차들	개들	소녀들	집들	그들	우리들

연·습·문·제 2

밑줄 친 말을 바르게 고치시오.

(1) I like <u>tom</u>.
(2) Tom <u>like</u> me.
(3) I have a <u>cars</u>.
(4) I want <u>dog</u>.
(5) We learn <u>english</u>.
(6) <u>they</u> want a car.

(7) The boys <u>learns</u> English.
(8) I <u>has</u> a dog.
(9) Tom <u>haves</u> a dog.
(10) She <u>have</u> a car.
(11) <u>the</u> girl helps Jane.
(12) We <u>has</u> a car.

연·습·문·제 3

다음의 우리말을 영어로 말하시오. ① ② ③의 순서로 말해야한다.

	①	③	②
(1)	나는	제인을	좋아한다.
(2)	우리들은	영어를	배운다.
(3)	그녀는	영어를	배운다.
(4)	톰은	제인을	좋아한다.
(5)	그들은	그 소년을	안다.
(6)	그이는	그 소년을	안다.
(7)	톰은	제인을	돕는다.
(8)	나는	톰을	돕는다.
(9)	우리들은	톰을	돕는다.
(10)	그이는	개 한마리를	가지고 있다.

	①	③	②
(11)	나는	영어를	배운다.
(12)	그들은	그 선생님을	좋아한다.
(13)	그 선생님은	톰을	좋아한다.
(14)	그 선생님들은	톰을	좋아한다.
(15)	그 소년은	그 선생님을	좋아한다.
(16)	그 소년은	그 선생님들을	좋아한다.
(17)	그들은	차를	원합니다.
(18)	톰은	차를	원합니다.
(19)	제인은	그 선생님을	압니다.
(20)	나는	그 선생님을	압니다.

(21)	나는	그 선생님을	방문합니다.
(22)	제인은	그 선생님을	방문합니다.
(23)	그 선생님들은	그 소녀를	도와준다.
(24)	그녀는	한 대의 차를	가지고 있다.
(25)	나는	그 선생님을	만난다.
(26)	톰은	한국을	좋아한다.
(27)	그녀는	집 한 채를	원합니다.
(28)	그들은	집 한 채를	원합니다.
(29)	나는	꿈이	있어요.
(30)	우리들은	약속이	있어요.

* visit [vízit] 방문하다 (= call on)

그냥 넘어가도 돼요. 가끔 심심풀이로 하나씩 외우세요.

철부지, 물정에 어두운 사람	a babe	[beib] = 베이브
얼간이, 바보, 멍청이	a jerk, a moron	[dʒəːrk] = 저-크 [mɔ́ːran] = 모란
말괄량이, 남자처럼 행동하는 소녀	a tomboy	[támbɔi] = 탐보이
잘 속는 사람, 풋내기	a sucker	[sʌ́kər] = 사커
괴짜, 기인(奇人), 광인(狂人)	a psycho	[sáikou] = 사이코우
미친 사람	a loony, a lunatic	[lúːni] = 루니 [lúːnətik] = 루너틱
공부벌레	a swot	[swat] = 스왓
자만하는 사람, 우두머리	a bighead	[bíghed] = 빅헤드
성가신 사람, 해로운 사람	a pest	[pest] = 페스트
혼자 있기를 좋아하는 사람	a loner	[lóunər] = 로우너
아니꼬운(시시한) 녀석	a creep	[kriːp] = 크맆
싫은 사람, 고통	a pain	[pein] = 페인

LESSON 2

LESSON 2

단어 외우기 (완전히 익히고 나아가시오) 01

철 자	발음기호	뜻	철 자	발음기호	뜻
get up	[gétəp]	일어나다	work	[wə:rk]	일하다
room	[ru:m]	방	play	[plei]	놀다, 연주하다
garden	[gá:rdn]	정원, 텃밭	student	[stjú:dnt]	학생
soccer	[sákər]	축구	school	[sku:l]	학교
bed	[bed]	침대	playground	[pléigraund]	운동장
hard	[ha:rd]	열심히	wall	[wɔ:l]	벽, 담
very	[véri]	매우	write	[rait]	(글을) 쓰다
well	[wel]	잘, 건강한	study	[stʌ́di]	공부하다
go	[gou]	가다	every	[évri]	모든
bag	[bæg]	가방	day	[dei]	날, 낮
speak	[spi:k]	말하다	every day	[évri dei]	날마다, 매일
Seoul	[soul]	서울	for ~	[fɔ:r]	~를 위하여
orange	[ɔ́:rindʒ]	오렌지, 귤	about ~	[əbáut]	~에 대하여
live	[liv]	살다, 거주하다	with ~	[wið]	~와 함께
late	[leit]	늦게	in ~	[in]	~안에
early	[ə́:rli]	일찍	on ~	[ɔn]	~위에,~에 닿아
to ~	[tu, tə]	~까지, ~에게	table	[téibl]	탁자, 식탁
rely on	[riláiən]	믿다, 의지하다	library	[láibrəri]	도서관

숫자공부

숫자	철 자	발음기호	숫자	철 자	발음기호
1	one	[wʌn]	6	six	[siks]
2	two	[tu:]	7	seven	[sévn]
3	three	[θri:]	8	eight	[eit]
4	four	[fɔ:r]	9	nine	[nain]
5	five	[faiv]	10	ten	[ten]

to, in, on의 역할

to A	① A까지 ② A에, A로 ③ A에게	to Seoul = 서울까지, 서울로 (간다) to bed = 잠자리에, 침대로 (간다) to Tom = 톰에게, 톰한테 (말한다)
in A	① A에서 ② A안에(서)	in the garden = 그 정원(안)에서 (일한다) in the room = 그 방 안에서(잔다), 그 방안에 in the bag = 그 가방 안에 (있다)
on A	① A에서 ② A위에(서) ③ A에	on the playground = 운동장에서, 운동장위에서 on tha table = 탁자 위에, 탁자 위에서 on the wall = 벽에 (있다), 벽에 닿아, 벽에 붙어

부사를 사용하기　02

Lesson 1에서 배운 문장에 방법, 장소, 때를 나타내는 말을 쓰고자 할 때 이 말을 어느 곳에 놓는지에 대하여 공부하게 된다. 이러한 말을 부사라고 부른다.

	① 주어	④ 부사	③ 목적어	② 동사
(1-ㄱ)	나는	날마다	영어를	공부합니다.
(1-ㄴ)	나는	열심히	영어를	공부합니다.
(1-ㄷ)	나는	그 방에서	영어를	공부합니다.

위의 우리말을 영어로 말하려면 ① + ② + ③ + ④의 순서로 말해야 한다.
즉, 아래와 같은 순서로 말해야 한다.

	① 주어	② 동사	③ 목적어	④ 부사
(1-ㄱ)	나는	공부한다	영어를	날마다
(1-ㄴ)	나는	공부한다	영어를	열심히
(1-ㄷ)	나는	공부한다	영어를	그 방에서

위의 우리말을 영어로는 다음과 같이 말한다.

	① 주어	② 동사	③ 목적어	④ 부사
(1-ㄱ)	I	study	English	every day.
(1-ㄴ)	I	study	English	hard.
(1-ㄷ)	I	study	English	in the room.

※ 위 문장에서 every 와 day를 붙여 쓰면 안 된다. 즉, everyday라고 쓰면 안 된다.

주의 「그 방에서 공부한다」를 더 자세히 말하면 「그 방 안에서 공부한다」는 뜻이다. 그런데 「그 방안에서」를 영어로는 「안에서 그 방」이라는 순서로 말해야 한다. 그러므로 『그 방에서 = in the room』이다.

 주의 every day와 everyday 의 비교

every day는 『날마다 ~한다』라고 말할 때 사용된다. 때를 나타내는 부사다.
everyday의 뜻은 "평범한, 일상의, 예사로운"이며 형용사이다. 따라서 『everyday + 명사』의 형태로 사용된다.

보기)

- everyday clothes 평상복
- everyday shoes 평상화
- everyday words 일상어(日常語)
- everyday scene 흔한 광경
- everyday affairs 일상적인 (사소한) 일, 예사로운 일

* hard는 방법을 나타내는 부사. hard의 뜻 : (1) 열심히 (2) 단단한
* in the room은 장소를 나타내는 부사다.
* scene [si:n] 장면, 광경

부사의 배열   03

(2-ㄹ)처럼 한 문장 안에 여러 개의 부사가 있는 문장에서는 부사를 어떻게 배열하는지 주의 깊게 살펴보아라.

		부 사			
		때	장소	방법	
(2-ㄱ)	나는	날마다			영어를 공부합니다.
(2-ㄴ)	나는		그 방에서		영어를 공부합니다.
(2-ㄷ)	나는			열심히	영어를 공부합니다.
(2-ㄹ)	나는	날마다	그 방에서	열심히	영어를 공부합니다.

앞쪽 면에 있는 (2-ㄹ)을 영어로 말하려면 다음의 순서로 말해야 한다.

	주어	동사	목적어	부사		
				방법	장소	때
(2-ㄹ)=	나는	공부합니다	영어를	열심히	그 방에서	날마다

 한 문장 안에 장소, 방법, 때를 나타내는 부사가 함께 있으면 <장소 + 방법 + 때>의 순서로 말해야하는 경우도 있고 <방법 + 장소 + 때>의 순서로 말해야 하는 경우도 있다. 방법을 나타내는 부사와 장소를 나타내는 부사 중에서 짧은 말부터 먼저 사용한다.

그러므로 (2-ㄹ)을 영어로 나타내면 다음과 같다. hard가 in the room보다 짧다.

	주어	동사	목적어	방법	장소	때
(2-ㄹ)=	I	study	English	hard	in the room	every day.

그러나 아래의 문장에서는 here가 with Tom보다 짧기 때문에 here를 먼저 사용한다.

- I study English here with Tom every day.
  <나는 매일 이곳에서 톰과 함께 영어를 공부합니다>

* here 이곳에서, 이곳으로   * with Tom 톰과 함께

 ## 목적어가 없는 문장   04

아래의 문장에는 목적어가 없습니다. 이러한 문장은 『주어 + 동사 + 부사』의 순서로 말해야 한다. 즉, ① + ② + ④의 순서로 말해야 한다.

	① 주어	④ 부사	② 동사
(3-ㄱ)	톰은	일찍	일어납니다.
(3-ㄴ)	나는	그 방에서	공부합니다.
(3-ㄷ)	제인은	서울에서	거주합니다.
(3-ㄹ)	톰은	매일 열심히	일합니다.
(3-ㅁ)	나는	열시에 잠자리에	갑니다. (듭니다)
(3-ㅂ)	너는	매우 잘	연주(연기)하는구나.

	① 주어	② 동사	④ 부사
(3-ㄱ)=	Tom	gets up	early.
(3-ㄴ)=	I	study	in the room.
(3-ㄷ)=	Jane	lives	in Seoul.
(3-ㄹ)=	Tom	works	hard every day.
(3-ㅁ)=	I	go	to bed at ten.
(3-ㅂ)=	You	play	very well.

* **go to bed** 의 뜻 : 잠자리에 들다, 잠자러 침대에 가다
* **play**의 뜻 : (1) 놀다, (2) (운동을) 하다, (3) (악기를) 연주하다, 치다

play는 아래와 같이 사용된다.

play + 운동이름	뜻	새 단어
play + baseball	야구한다	* baseball [béisbɔ:l] 야구
play + soccer	축구한다	* soccer [sákər] 축구
play + basketball	농구한다	* basketball [bǽskitbɔ:l] 농구
play + volleyball	배구한다	* volleyball [válibɔ:l] 배구

play the 악기 이름	뜻	새 단어
play the violin	바이올린을 켜다	* violin [vaiəlín] 바이올린
play the piano	피아노를 치다	* piano [piǽnou] 피아노
play the organ	오르간을 치다	* organ [ɔ́:rgən] 오르간
play the flute	피리를 불다	* flute [flu:t] 피리

※ 위의 경우 악기 앞에 **on**을 사용할 수도 있다. 즉, **play on** the piano라고 해도 된다.

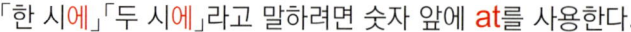

「한 시에」「두 시에」라고 말하려면 숫자 앞에 at를 사용한다.

at one	(o'clock)	한 시에	at four	(o'clock)	네 시에
at two	(o'clock)	두 시에	at five	(o'clock)	다섯 시에
at three	(o'clock)	세 시에	at ten	(o'clock)	열 시에

※ ( ) 안에 있는 o'clock [əklák] 은 생략해도 된다.

-s 와 -es   05

다음의 문장에서 go와 goes [gouz=고우즈]를 눈여겨보세요.

| (4-ㄱ) | I | go | to bed at ten. |
| (4-ㄴ) | Tom | goes | to bed at ten. |

(4-ㄱ)= 나는 열 시에 잠자리에 든다. / (4-ㄴ)= 톰은 열 시에 잠자리에 든다.

주의 주어가 3인칭 단수이면 동사의 끝에 -s를 붙여야 한다. 그러나 go처럼 -o로 끝나는 동사에는 -s만 붙이지 않고 -es를 붙여야 한다.

인칭의 종류

인칭에는 1인칭, 2인칭, 3인칭 등 3가지가 있다.

1인칭 : I〈나는, 내가〉와 we〈우리들은, 우리들이〉뿐이다. I 는 단수이고 we 는 복수이다.
2인칭 : you 하나밖에 없다.
　　　　you에는 〈너는, 네가, 너희들은, 너희들이, 너를, 너희들을〉이라는 뜻이 있다
3인칭 : I, we, you를 제외한 모든 사물, 모든 사람은 3인칭이다.
　　　　3인칭에 해당하는 말은 헤아릴 수 없이 많다.

보기) 나의 어머니, 나의 눈, 그 농부, 그이, 그녀, 한국, 미국, 황해, 그것, 이것, 나무, 사과, 책,
　　　태양, 기타 등등 무한히 많이 있음

다음 문장에서 study 와 studies를 눈여겨보아라.

(5-ㄱ) 그 소년들은 영어를 열심히 공부한다.
(5-ㄴ) 그 소년 은 영어를 열심히 공부한다.   } 를 비교해 보자.

| (5-ㄱ)= | The boys | study | English hard. |
| (5-ㄴ)= | The boy | studies | English hard. |

study와 studies

주어가 3인칭 단수인 경우 study에는 -s만 붙이지 않고 y를 i로 고친 다음 es를 붙여야 한다. 즉, study처럼 <자음 + y>로 끝나는 단어에는 -s만 붙여서는 안 된다. 그러나 play처럼 <-ay, -ey, -oy, -uy>로 끝나는 단어에는 -s만 붙인다. 다음의 문장을 눈여겨보아라.

(6-ㄱ) 그 소년들은 축구를 매우 잘한다.
(6-ㄴ) 그 소년 은 축구를 매우 잘한다.   } 를 비교해 보자.

| (6-ㄱ)= | The boys | play | soccer very well. |
| (6-ㄴ)= | The boy | plays | soccer very well. |

※ boy와 play는 "모음 + y "으로 끝난 단어이기 때문에 -s만 붙인다.
　그러나 baby와 cry는 어미가 「자음 + y」이기 때문에 -s만 붙여서는 안 된다.

* baby [béibi] 아기　　* cry [krai] 울다　　* often [ɔ́:fən] 자주

(7-ㄱ) 그 아기　는 매우 자주 운다.
(7-ㄴ) 그 아기들은 매우 자주 운다.   } 를 비교해 보자.

	주 어	운다	매우 자주	뜻
(7-ㄱ)=	The baby	cries	very often.	그 아기　는 매우 자주 운다.
(7-ㄴ)=	The babies	cry	very often.	그 아기들은 매우 자주 운다.

in, for, about, with 　　　　　　　　　　　　　　06

「그 방에서」를 영어로는 「안에서 그 방」의 순서로 말해야 한다. 따라서 「톰을 위하여」는 「위하여 톰」의 순서로 말해야 하고 「톰과 함께」는 「함께 톰」의 순서로 말해야한다. 다음의 보기를 눈여겨보아라.

국어의 순서		영어의 순서	
명사	전치사	전치사	명사
톰	을 위하여	for	Tom (위하여 톰)
한국	에 대하여	about	Korea (대하여 한국)
한국	(안)에서	in	Korea (안에서 한국)
연필	을 가지고	with	a pencil (가지고 연필)
너	와 함께	with	you (함께 너)

영어의 어순(語順)은 국어에 비하면 매우 합리적(合理的)이다. 『나는 서울에서 반재인을 만났다』를 영어로 말하려면 『나는 만났다 반재인을 안에서 서울』이라는 어순이 되는데 이 어순이 합리적이라는 것을 다음의 대화를 통하여 알 수 있다.

　　김예일 : 나는 ~, 나는 ~, 나는~　(= I ~, I ~,)
　　이영희 :『나는 ~, 나는 ~, 』이라고만 말하지 말고 네가 어쨌다는 거야?
　　김예일 : 만났어. (met)
　　이영희 : 누구를?
　　김예일 : 반재인이를 (Jae-in)
　　이영희 : 어디서
　　김예일 : 안에서 (in)
　　이영희 : 아유, 답답해. 무엇 안에서
　　김예일 : 서울(안에서) (Seoul)

결국 이렇게 된다.	나는	만났다	재인이를	안에서	서울
	I	met	Jae-in	in	Seoul.

(8-ㄱ) 나는 서울에 갑니다.
(8-ㄴ) 나는 서울에 삽니다. } 를 비교해 보자.

위의 두 문장에 있는 『서울에』는 겉으로 보기에는 같지만 속뜻은 다르다. 『서울에 간다』에서 『서울에』는 가는 방향을 나타내고 『서울에 삽니다』에서 『서울에』는 방향이 아니라 거주하는 장소를 나타내는 말이다. 다시 말하면 『서울에 간다』에서 『서울에』는 『서울로, 서울까지』라는 뜻이고 『서울에 삽니다』에서 『서울에』는 『서울에서, 서울 안에서』라는 뜻이다.

영어로는 다음과 같이 말한다.

| (8-ㄱ)= | I | go | to | Seoul. | to Seoul = 서울까지, 서울로 |
| (8-ㄴ)= | I | live | in | Seoul. | in Seoul = 서울에서, 서울 안에서 |

주의 『축구한다』는 play soccer 인데 『공부한다』는 play study가 아니라 play를 빼고 study이다. 축구하는 것은 축구공을 가지고 노는 것(play)이고 공부하는 것은 노는 것이 아니기 때문이다. 물론 『일한다』는 play work가 아니라 work이다. 『수영한다』는 play swim이 아니라 swim이다.

수수께끼

그것은 생명이 있는 것에서 나왔다. 그러나 그것에게는 생명이 없다. 그것은 생명을 운반해야 할 운명을 지니고 있다. 그것이 무엇인가? 답 : 155쪽

귀여운 철수

선생님 : 철수야, 2더하기 2는 4거든. 4더하기 4는 얼마지?
철수 : 선생님 너무해요. 선생님은 쉬운 것 하고 왜 나에게는 어려운 것을 물어요? 1더하기 1은 얼마인가 물어 봐야지요.

연·습·문·제 4

다음의 우리말을 영어로 말하시오.

(1) 한국에서
(2) 한국으로
(3) 제인을 위하여
(4) 제인과 함께
(5) 연필로(연필을 가지고)
(6) 한국에 대하여
(7) 톰에게
(8) 톰을 위하여
(9) 그 집으로
(10) 그 집에서
(11) 열 시에
(12) 그 상자(box) 안에

연·습·문·제 5

밑줄 친 것을 바르게 고치시오.

(1) He gos to bed at ten.
(2) She studys English very hard.
(3) I go every day to Seoul.
(4) He like soccer.
(5) The boys likes soccer.
(6) I live to Seoul.
(7) I go in Seoul every day.
(8) The baby crys very often.
(9) Tom and Jane plaies the piano very well.

연·습·문·제 6

다음의 우리말을 영어로 말하시오.

(1) 그녀는 일찍 일어난다.
(2) 우리들은 일찍 일어난다.
(3) 나는 10시에 잠자리에 든다. (나는 10시에 침대에 간다.)
(4) 그는 8시에 학교 간다. (8시에 학교에 도착하도록 집을 나선다는 뜻이다.)
(5) 그들은 9시에 학교에 간다. (학교에 도착하는 시간이 9시임.)
(6) 나는 두 대의 차를 가지고 있다. (나에게는 차가 두 대 있다.)
(7) 그는 차를 한 대 가지고 있다. (그에게는 차가 한 대 있다.)
(8) 수잔(Susan)은 민희 (Min-hee)와 함께 영어를 공부한다.
(9) 나는 날마다 수잔과 함께 영어를 공부한다.
(10) 우리들은 영어를 매우 열심히 공부한다.

(11) 나는 날마다 수잔과 함께 도서관(library)에서 영어를 열심히 공부한다.
(12) 그 선생님은 날마다 그 공원(park)에 간다.
(13) 그녀는 날마다 많은 집(many houses)을 방문한다.
(14) 제인은 날마다 톰과 함께 영어를 공부한다.
(15) 그녀는 영어를 매우 잘 쓴다. (영어작문을 잘한다는 뜻임)
(16) 그들은 날마다 톰과 함께 그 공원에서 논다.
(17) 그들은 날마다 축구한다.
(18) 그들은 날마다 그 운동장에서 축구한다.
(19) 그녀는 텃밭에서(in the garden) 일한다.
(20) 나는 날마다 너를 위하여 일한다.

(21) 나는 책을 10권 가지고 있다.
(22) 나는 그 가방 안에 책을 4권 가지고 있다.
(23) 그녀는 날마다 6시에 일어난다.
(24) 우리들은 서울에 삽니다.
(25) 그 선생님은 수잔과 함께 서울에 갑니다.
(26) 우리들은 연필로 쓴다.   * **with a pencil** 연필로 = 연필을 가지고
(27) 그녀는 영어를 매우 잘 말한다.   * **speak** 말한다
(28) 그녀는 한국에 대하여 공부한다.
(29) 나는 그 선생님을 매우 잘 압니다.
(30) 나는 날마다 그 들에서 톰과 함께 일합니다.   * **in the field** 그 들판에서

★ go to school은 go to **the** school과 뜻이 다르다. (⇨ 108쪽 참조)

Go to		school.	학교에 가라. 학교 다녀라. (공부하기 위하여)
Go to	the	school.	그 학교로(에) 가라. (가는 목적이 공부가 아님)
Go to		bed.	잠을 자라. 취침해라.
Go to	the	bed.	그 침대로(에) 가라.
Go to		church.	교회에 가라. (예배 보기 위하여)
Go to	the	church.	그 교회로(에) 가라. (예배가 목적이 아님)
Go to		sea.	뱃사공이 되어라.
Go to	the	sea.	그 바다로(에) 가라.

※ **the**가 없으면 그 사물의 상징성을 나타낸다.

LESSON 3

LESSON 3
My mother loves me

 단어 외우기 　　　　　　01

단어	발음기호	뜻	철자	발음기호	뜻
doctor	[dáktər]	의사, 박사	this	[ðis]	① 이것, ② 이 ~ this book 이 책
farmer	[fá:rmər]	농부			
river	[rívər]	강	that	[ðæt]	① 저것, ② 저 ~ that book 저 책
park	[pɑ:rk]	공원			
farm	[fɑ:rm]	농장	many ~	[méni]	많은 ~ many cars 많은 차
swim	[swim]	수영하다			
father	[fá:ðər]	아버지	much	[mʌtʃ]	많은 ~ much money 많은 돈
mother	[mʌ́ðər]	어머니			
brother	[brʌ́ðər]	형, 동생, 오빠, 형제	country	[kʌ́ntri]	나라, 시골
sister	[sístər]	누나, 언니, 자매	breakfast	[brékfəst]	아침식사
aunt	[ɑ:nt]	고모, 이모, 숙모	Mr. ~	[místər]	~씨, ~군
uncle	[ʌ́ŋkl]	(외)삼촌, 숙부, 이모부	piano	[piǽnou]	피아노
coffee	[kɔ́(:)fi]	커피	read	[ri:d]	읽다
need	[ni:d]	필요하다	milk	[milk]	우유
water	[wɔ́:tər]	물	friend	[frend]	친구
love	[lʌv]	사랑하다	head	[hed]	머리, 두뇌, 제목
money	[máni]	돈	root	[ru:t]	뿌리
rice	[rais]	쌀, 쌀밥	bread	[bred]	빵
phone	[foun]	전화하다(=call)	meat	[mi:t]	고기

인칭대명사의 격의 변화 일람표　　02

아래의 표에 있는 모든 낱말을 인칭대명사라 부른다. 그리고 이 표는 인칭대명사의 격의 변화를 나타낸 표이다.

	주격 (~은, ~가, ~이)	소유격 (~의)	목적격 (~를, ~을)	소유대명사 (~의 것)
1인칭 단수	(1) I 나는, 저는, 내가	(2) my 나의, 저의	(3) me 나를, 저를	(4) mine 나의 것, 저의 것
1인칭 복수	(5) we 우리들은	(6) our 우리들의	(7) us 우리들을	(8) ours 우리들의 것
2인칭 단수와 복수	(9) you 너는, 네가 너희들은(이)	(10) your 너의, 자네의 너희들의, 자네들의	(11) you 너를, 당신을 너희들을, 당신들을	(12) yours 너의 것, 당신의 것 너희들의 것
3인칭 단수	(13) he 그이는, 그이가	(14) his 그이의, 그분의	(15) him 그이를, 그분을	(16) his 그이의 것
	(17) she 그녀는, 그녀가	(18) her 그녀의	(19) her 그녀를	(20) hers 그녀의 것
	(21) it 그것은, 그것이	(22) its 그것의	(23) it 그것을	없음
3인칭 복수	(25) they 그들은, 그들이	(26) their 그들의, 그것들의	(27) them 그들을, 그것들을	(28) theirs 그들의 것

* mine [main]　　* her [hə:r]　　* theirs [ðéərz]　　* ours [áuərz]　　* hers [hə:rz]
* yours [júərz]　　* them [ðem]　　* she [ʃi:]　　* their [ðeər]

you의 뜻		주격(~은, ~가)	목적격(~를, ~을)
	단수	너는, 네가, 당신은, 당신이	너를, 당신을
	복수	너희들은, 너희들이, 당신들은, 당신들이	너희들을, 당신들을

* her의 뜻 : (1) 그녀의   (2) 그녀를   (3) 그녀에게

(1-ㄱ) 나는 그녀를   좋아한다.
(1-ㄴ) 나는 그녀의 언니를 좋아한다. } 를 교해 보자.

	주어	동사	목적어	
(1-ㄱ)=	I	like	her.	이 문장의 her는 (19)번에 해당함
(1-ㄴ)=	I	like	her sister.	이 문장의 her는 (18)번에 해당함

주격의 용법 03

주격은 주어가 될 수 있는 자격이 있다. 아래의 문장에서 주어의 자리에 있는 것들은 모두 주격이다.

주어	동사	목적어	뜻		
I	learn	English.	나는	영어를 배운다.	
We	learn	English.	우리들은	영어를 배운다.	
You	learn	English.	너는	영어를 배운다.	
They	learn	English.	그들은	영어를 배운다.	
She	learns	English.	그녀는	영어를 배운다.	
He	learns	English.	그이는	영어를 배운다.	
My son	learns	English.	나의 아들은 영어를 배운다.		

※ 주어의 칸에는 목적격인 me, us, him, her, them을 사용할 수 없다.
※ 주어의 칸에 『소유격 + 명사』를 쓸 수 있다. 주어의 칸에 있는 <나의 아들>을 my son 이라고 한다. I son이라고 하면 안 된다.

소유격의 사용법　　04

소유격 뒤에는 명사가 있어야 한다.

소유격	명사	소유격	명사
my [mai]	car	나의	차
our [auə]	friends	우리들의	친구들
your	country [kʌ́ntri]	너의	나라
his	uncle	그이의	삼촌
her	father	그녀의	아버지
its	roots [ru:t]	그것의	뿌리들
their	mother	그들의	어머니

※ 『나의 책』을 me book 또는 I book이라고 하면 안 된다.

『톰의, 제인의, 그 소년의』 등에서 <~의>에 해당하는 것은 's이다.

-의	명사	뜻
Tom's	car	톰의 차
Jane's	car	제인의 차
the boy's	bag	그 소년의 가방
the girl's	mother	그 소녀의 어머니

'~의'가 두 번 들어가는 말을 어떻게 하는지 보자.

my father		나의 아버지
my father's		나의 아버지의
my father's	car	나의 아버지의 차

~의	~의	명사	~의	~의	명사
우리들의	선생님의	집	our	teacher's	house
너의	개의	꼬리	your	dog's	tail
그이의	고모의	남편	his	aunt's	husband
그녀의	언니의	가방	her	sister's	handbag
그들의	삼촌의	말	their	uncle's	horse
톰의	형의	모자	Tom's	brother's	cap

목적격의 사용법 05

목적격은 목적어가 될 수 있는 자격이 있다. 주어의 자리에는 쓸 수 없다.

주어	동사	목적어	주어	목적어	동사
I	like	him. (15)	나는	그이를	좋아한다.
I	like	you. (11)	나는	너를	좋아한다.
I	like	her. (19)	나는	그녀를	좋아한다.
I	like	them. (27)	나는	그들을	좋아한다.
I	like	it. (23)	나는	그것을	좋아한다.
He	likes	me. (3)	그이는	나를	좋아한다.
He	likes	us. (7)	그이는	우리들을	좋아한다.

• 목적어의 칸에 있는 숫자는 45쪽에 있는 숫자에 해당하는 숫자이다.

주의 목적어의 칸에 I, we, he, she, they 등을 사용할 수 없다. 그러나 『소유격 + 명사』는 사용할 수 있다. ③의 칸에 있는 말에 유의하라.

① 주어	② 동사	③ 목적어	
She	likes	I.	틀린 문장임
She	likes	me.	옳은 문장임
She	likes	my.	틀린 문장임
She	likes	my sister.	옳은 문장임
She	likes	me sister.	틀린 문장임

many 와 much 06

『많은 책』을 many books라 하고 『많은 포도주』를 much wine이라 한다. 다시 말하면 "many + 보통명사"이고 "much + 물질명사"이다.
물질명사란 무엇일까? 아래의 각 항목에 속하는 것들은 모두 물질명사이다.

종류	보기 (모두 물질명사이다)
(ㄱ) 모든 액체	물, 우유, 석유, 눈물, 잉크, 피, 땀, 술, 즙, 포도주, 침
(ㄴ) 모든 기체	산소, 수소, 질소, 탄산가스, 부탄가스
(ㄷ) 모든 분말	밀가루, 모래, 톱밥, 먼지, 분유, 재, 설탕가루, 생선가루
(ㄹ) 모든 광물질	금, 은, 구리, 석탄, 다이아몬드, 철, 소금, 흙, 암석
(ㅁ) 작은 곡물	쌀, 보리, 깨, 밀, 메밀, 조
(ㅂ) 단위를 정하여 세는 것들	돈, 옷감, 종이, 식빵, 시금치, 부추, 고기

보기를 들겠다. many 뒤에는 물질명사를 사용할 수 없다.

many	보통명사 + s	뜻		
many	teachers	많은 선생님들	=선생님	여러 명
many	boys	많은 소년들	=소년	여러 명
many	pencils	많은 연필들	=연필	여러 자루
many	cars	많은 차들	=차	여러 대
many	books	많은 책들	=책	여러 권
many	schools	많은 학교들	=학교	여러 개
many	bags	많은 가방들	=가방	여러 개

much 뒤에는 물질명사를 사용해야 한다. "many + 물질명사" 는 불가

much	물질명사	much	물질명사	much	물질명사	much	물질명사
much	milk	많은	우유	much	meat	많은	고기
much	water	많은	물	much	rice	많은	쌀
much	coffee	많은	커피	much	wine	많은	포도주
much	money	많은	돈	much	gold	많은	금
much	bread	많은	빵				

※ many milk라고 하면 안 된다.

다시 보기를 들어본다.

틀린 것		옳은 것		뜻	
many	boy ⇨	many	boys	많은	소년들
many	breads ⇨	much	bread	많은	빵
much	dog ⇨	many	dogs	많은	개들
much	milks ⇨	much	milk	많은	우유
many	moneys ⇨	much	money	많은	돈
much	cars ⇨	many	cars	많은	차들
many	school ⇨	many	schools	많은	학교들

• bread, milk, money는 물질명사입니다.

 주의 I have many books.를 아래와 같이 여러 가지로 해석할 수 있다.

① 나는 많은 책을 가지고 있다.   ② 나는 책을 많이 가지고 있다.
③ 나는 책이 많다.   ④ 나에게는 책이 많이 있다.

 주의 「나는 너를 매우 좋아한다」를 영어로 말하려면 「나는 좋아한다 너를 매우 많이」라는 순서로 말해야한다. 그러므로 (ㄴ)이 옳은 문장이다.

(ㄱ) I like you very. (×)
(ㄴ) I like you very much. (○)

* much 많이

「나는 한국에 대하여 많은 것을 알고 있다.」를 영어로 말하려면 다음과 같이 말해야 한다.

① 주어	② 동사	③ 목적어	④ 부사
나는	알고 있다	많은 것을	대하여 한국
I	know	much (=a lot)	about Korea.

- much에는 다음의 3 가지 뜻이 있다 : (1) 많은 (2) 많이 (3) 많은 것, 다량
  위의 문장에서 much는 (3)에 해당한다.

his 와 her   07

(2-ㄱ) 톰은   자기의 어머니를 돕는다.
(2-ㄴ) 제인은 자기의 어머니를 돕는다. } 에서

「자기의」라는 말이 남자이면 **his**고 여자이면 **her**다.

(2-ㄱ)=	Tom	helps	his	mother.
(2-ㄴ)=	Jane	helps	her	mother.

- **Tom**은 남자의 이름이고 **Jane**은 여자의 이름이다.

(3-ㄱ) 「그 소년은 자기의 누나를 돕는다.」
(3-ㄴ) 「그 소녀는 자기의 언니를 돕는다.」

위의 두 문장에서 "자기의"를 눈여겨보아라.

			자기의	
(3-ㄱ)=	The boy	helps	his	sister.
(3-ㄴ)=	The girl	helps	her	sister.

다음 문장에서 소유격에 유의하라.

		소유격			소유격		
(4-ㄱ)	Tom likes	his	brother.	톰은	자기의	형을	좋아한다.
(4-ㄴ)	Tom likes	my	brother.	톰은	나의	형을	좋아한다.
(4-ㄷ)	Tom likes	her	brother.	톰은	그녀의	오빠를	좋아한다.
(4-ㄹ)	Tom likes	our	brother.	톰은	우리들의	형을	좋아한다.

for me 냐, 아니면 for I 냐?   08

to, in, at, for, about, with, on 등을 전치사라 부른다. 그런데 전치사 뒤에는 목적격을 사용해야 한다. 그러므로 「나를 위하여」를 『for I』라 하지 않고 『for me』라고 해야 한다.
왜냐하면 I 는 주격이고 me는 목적격이기 때문이다.

뜻	옳은 것		틀린 것	
	for	목적격	for	주격
그이를 위하여	for	him (15)	for	he
그녀를 위하여	for	her (19)	for	she
우리들을 위하여	for	us (7)	for	we
그들을 위하여	for	them (27)	for	they

그러나 「나의 아버지를 위하여」는 "for ~~me~~ father"가 아니라 "for my father"이다. 왜냐하면 「나의 아버지」는 "~~me~~ father"가 아니라 "my father"이기 때문이다.

with도 전치사이다. 그러므로 with 뒤에는 목적격을 써야 한다.

뜻	옳은 것		틀린 것	
	with	목적격	with	목적격이 아님
나와 함께	with	me	with	I
우리들과 함께	with	us	with	we
너와 함께	with	you	with	your
그이와 함께	with	him	with	he
그녀와 함께	with	her	with	she
그들과 함께	with	them	with	they
그이의 삼촌과 함께	with	his uncle	with	him uncle
그 개와 함께	with	the dog	with	the dog's

--- 속 담 ---

"No cross, no crown"

고난이 없으면 영광도 없다.

* cross [krɔːs, kras] 십자(가), 고난(苦難)   * crown [kraun] 왕관(王冠), 영광(榮光)

about도 전치사다. 다음과 같이 이용할 수 있다.

about	목적격 또는 소유격 + 명사		뜻	
about	me		나	에 대하여
about	my	car	나의 차	에 대하여
about	us		우리들	에 대하여
about	our	school	우리들의 학교	에 대하여
about	you		너	에 대하여
about	your	father	너의 아버지	에 대하여
about	him		그이	에 대하여
about	his	mother	그이의 어머니	에 대하여
about	her		그녀	에 대하여
about	her	country	그녀의 나라	에 대하여
about	them		그들	에 대하여
about	their	country	그들의 나라	에 대하여
about	this	river	이 강	에 대하여
about	the	doctor	그 의사	에 대하여
about	Tom		톰	에 대하여
about	Tom's	father	톰의 아버지	에 대하여

•this는 지시형용사이다. the를 정관사라 부른다.

보석 같은 격언 두 개

• Fortune favors fools.

<운명의 여신(女神)은 어리석은 자의 편에 선다.>

직역:「운명의 여신은 어리석은 자들을 좋아한다.」,「운명의 여신은 어리석은 자들을 편애한다.」

* fortune [fɔ́ːrtʃən] 운명, 운명의 여신   * favor [féivər] 좋아하다, 편애하다, 지지하다
* fool [fuːl] 바보

연·습·문·제 7

밑줄 친 것을 바르게 고치시오.

(1) He likes I.
(2) Tom's brothers gets up early.
(3) I know she.
(4) Tom father works very hard.
(5) I like you brother.
(6) They love them mother very much.
(7) I want many book.
(8) She gos to school at eight.
(9) I want many coffee.
(10) I go to school with he.

(11) I meet he every day.
(12) I know about Korea much.
(13) I like apples very.
(14) My father works for I.
(15) I have books many.
(16) My father works hard for me mother.
(17) I know she brother.
(18) Jane wants much apples.
(19) My father want a car.
(20) My sister studys English very hard.

(21) Jane plaies the piano very well.
(22) I need many money.
(23) Jane hate the psycho.   * psycho [sáikou] 괴짜, 정신병자
(24) Tom and Jane calls on me very often.   * call on 방문하다
(25) Tom help the poor.   * the poor [puər] 가난한 사람들
(26) I sister loves him brother.
(27) He relys on us. <그는 우리들을 신뢰합니다>
(28) The ladys hate that jerk. <그 숙녀들은 저 멍텅구리를 싫어합니다>
(29) Me sister and I plays the piano.
(30) I go to school with she.

연·습·문·제 8

다음의 우리말을 영어로 말하시오.

(1) 우리들과 함께
(2) 그이를 위하여
(3) 그들에 대하여
(4) 나와 함께
(5) 나에게
(6) 나의 어머니에 대하여
(7) 우리들의 나라에 대하여
(8) 나에 대하여
(9) 나의 집으로
(10) 그들과 함께

(11) 나의 어머니는 나를 매우 사랑합니다. (※ 매우 = 매우 많이)
(12) 그이의 형은 우리들을 매우 잘 압니다.
(13) 우리들은 그이의 형을 압니다.
(14) 그 소년은 자기의 형을 매우 좋아합니다. (※ 매우 = 매우 많이)
(15) 그 소녀는 자기의 언니를 매우 좋아한다. (※ 매우 = 매우 많이)
(16) 그들은 자기들의 어머니를 매우 사랑한다. (※ 매우 = 매우 많이)
(17) 그들은 우리들을 매우 좋아한다. (※ 매우 = 매우 많이)
(18) 우리들은 그들을 좋아한다.
(19) 우리들의 아버지는 그들의 아버지를 좋아한다.
(20) 그이는 그녀를 좋아한다.

(21) 그녀는 그이를 좋아한다.
(22) 그녀의 언니는 그이의 형을 좋아한다.
(23) 그녀는 매일 나를 만난다(meet).
(24) 나는 매일 그녀를 만난다.
(25) 이 학생은 많은 책을 가지고 있다.
(26) 나는 도서관에서(in the library) 나의 형과 함께 공부한다.
(27) 나의 형은 영어를 매우 열심히 공부한다.
(28) 그녀의 아버지는 많은 책을 읽는다.   * read 읽다
(29) 그녀는 날마다 자기의 어머니에게 전화 건다.   * phone 전화 건다
(30) 나의 어머니는 8시에 아침식사를 한다.   * have breakfast 아침식사 하다

(31) 나의 어머니는 8시에 나와 함께 아침식사를 한다.
(32) 그 농부는 농장을 하나 가지고 있다.
(33) 그녀의 오빠는 우리들의 나라에 대하여 연구한다(**study**).
(34) 나의 아버지는 너의 아버지와 함께 일한다.
(35) 저 소녀는 자기의 고모와 함께 이 집에서 살고 있다.
(36) 나는 많은 사과가 필요하다.
(37) 그녀는 많은 돈을 원한다.
(38) 그는 우리들을 도와준다.
(39) 우리들은 그들을 도와준다.
(40) 그 소년들은 매일 그 운동장에서(**on the playground**) 축구한다.

(41) 나는 매일 그 강에서 수영한다.
(42) 나는 날마다 그이와 함께 그 공원에 간다.
(43) 우리들의 선생님은 우리들을 좋아한다.
(44) 그들은 우리들을 매우 잘 알고 있다.
(45) 우리들은 그들에 대하여 많은 것을 알고 있다.
(46) 김씨(**Mr. Kim**)는 많은 돈이 필요하다.

LESSON 4

LESSON 4

do [duː]를 이용하는 의문문 01

(1-ㄱ) 너는 영어를 배운다.
(1-ㄴ) 너는 영어를 배우느냐? } 의 비교

(1-ㄱ)=   You learn English   .
(1-ㄴ)= Do   you learn English   ?

(1-ㄱ)과 같은 문장을 평서문이라 부르고
(1-ㄴ)과 같은 문장을 의문문이라 부른다.

다시 말하면 『~은 ~한다』는 평서문이고 『~은 ~합니까?』는 의문문이다.
평서문 앞에 Do를 사용하면 의문문이 된다.

(2-ㄱ) 그 소년들은 열심히 공부합니다.
(2-ㄴ) 그 소년들은 열심히 공부합니까? } 의 비교

(2-ㄱ)=   The boys study hard   .
(2-ㄴ)= Do   the boys study hard   ?

(3-ㄱ) 그들은 차를 가지고 있다.
(3-ㄴ) 그들은 차를 가지고 있습니까? } 의 비교

(3-ㄱ)=　　　　They have a car　．
(3-ㄴ)=　Do　they have a car　？

Does 를 이용하는 의문문　　02

주어가 3인칭 단수이면 Do를 사용하지 않고 Does를 사용해야 한다.

(4-ㄱ) 톰은 제인을 좋아한다.
(4-ㄴ) 톰은 제인을 좋아합니까? } 의 비교

(4-ㄱ)=　　　　Tom likes Jane　．
(4-ㄴ)=　Does　Tom like　Jane　？

(5-ㄱ) 그는 열심히 공부한다.
(5-ㄴ) 그는 열심히 공부합니까? } 의 비교

(5-ㄱ)=　　　　He studies hard　．
(5-ㄴ)=　Does　he study hard　？

※ does를 사용하여 의문문이 되면 동사에 -s를 붙이지 않는다.
즉, (4-ㄴ)을 Does Tom likes Jane?이라고 하면 안된다.

(6-ㄱ) 제인은 수영을 매우 잘 한다.
(6-ㄴ) 제인은 수영을 매우 잘 합니까? } 의 비교

(6-ㄱ)=   Jane swim**s** very well   .
(6-ㄴ)= **Does** Jane swim   very well   **?**

(7-ㄱ) 그 소년 은 열심히 공부합니까?
(7-ㄴ) 그 소년들은 열심히 공부합니까? } 의 비교

(7-ㄱ)= **Does** the boy   study hard?
(7-ㄴ)= **Do**   the boy**s** study hard?

묻고 대답하기　　03

아래 Jane과 Tom의 대화를 눈여겨보세요.

do로 물으면 do로 대답한다.			뜻
Jane:	Do you	like coffee?	너 커피 좋아하니?
	⇩	⇩	
Tom:	Yes, I	do.	응, 좋아해.
	No, I	do not.	아니, 안 좋아해.

※ Yes, I like coffee. 라고 대답해도 된다.
※ 대화할 때 Yes나 No로만 대답해도 된다.

아래의 대화를 눈여겨보아라.

does로 물으면 does로 대답한다.				뜻
김예일:	Does	Jin-ju	study hard?	진주 열심히 공부하니?
		⇩		
반재인:	Yes,	she	does.	그래, 열심히 공부해.
	No,	she	does not.	아니, 열심히 안 해.

아래와 같이 대답해도 된다.

- Yes, she studies hard. <그래, 진주 열심히 공부해.>
- No, she doesn't study hard. <아니, 진주 열심히 공부하지 않아.>

지만이는 남자이므로 대답에서는 he로 변해야 한다.				뜻
김예일:	Does	Ji-man	like you?	지만이가 너를 좋아하니?
		⇩		
반재인:	Yes,	he	does.	응, 그애 나를 좋아해.
	No,	he	does not.	아니, 그애 나를 안 좋아해.

아래와 같이 대답해도 된다.

- Yes, he likes me. <그래, 지만이가 나를 좋아해.>
- No, he doesn't like me. <아니, 지만이는 나를 안 좋아해.>

Tom and Jane은 복수이므로 대답할 때는 they로 바꿔야 한다.				뜻
김예일:	Do	Tom and Jane	get up early?	톰과 제인은 일찍 일어나니?
		⇩		
반재인:	Yes,	they	do.	그래, 일찍 일어나.
	No,	they	do not.	아니, 일찍 일어나지 않아.

아래와 같이 대답해도 된다.
- Yes, they get up early. <그래, 그들은 일찍 일어나.>
- No, they don't get up early. <아니야, 그들은 일찍 일어나지 않아.>

몇 가지 예문을 더 보고 나아갑시다.

(9-ㄱ) Does your father like soccer? <너의 아버지는 축구를 좋아하느냐?>
⇩
(9-ㄴ) Yes, he does. <예, 저의 아버지는 축구를 좋아합니다.>

(10-ㄱ) Does your mother teach English? <너의 어머니는 영어를 가르치냐?>
⇩
(10-ㄴ) Yes, she does. <예, 저의 어머니는 영어를 가르칩니다.>

(11-ㄱ) Do your brothers live in Busan? <너의 형들은 부산에서 사니?>
⇩
(11-ㄴ) Yes, they do. <예, 그들은 부산에서 삽니다.>

(12-ㄱ) Do your sisters play the piano? <너의 누나들은 피아노를 치느냐?>
⇩
(12-ㄴ) Yes, they do. <예, 그들은 피아노를 칩니다.>

연·습·문·제 9

밑줄 친 곳에 Do나 Does를 쓰시오.

(1) _____ you get up early?
(2) _____ they like soccer?
(3) _____ she play the piano well?
(4) _____ the farmer want a car?
(5) _____ the farmers want a car?
(6) _____ he like you?
(7) _____ your father go to the park every day?
(8) _____ your brothers know us?
(9) _____ Mr. Kim work hard?
(10) _____ your father and mother get up at six?

연·습·문·제 10

아래의 문장을 의문문으로 고치시오.

	① 주어	② 동사	③ 또는 ④ / 목적어 또는 부사
(1)	Mr. Kim	swims	very well.
(2)	Tom	likes	apples.
(3)	She	wants	a car.
(4)	You	know	my father.
(5)	The doctor	helps	you.
(6)	The doctors	help	you.
(7)	The student	studies	English very hard.
(8)	The students	study	English very hard.
(9)	Your father	needs	a car.
(10)	Tom and Jane	love	each other. (서로)

연·습·문·제 11

( ) 안에 I, he, she, they 중에서 알맞은 것을 골라 쓰시오.

	묻기				물음에 대한 대답		
(1)	Do	you	like	coffee?	Yes,	( )	do.
(2)	Does	Tom	get up	early?	Yes,	( )	does.
(3)	Does	your father	have	a car?	Yes,	( )	does.
(4)	Do	the farmers	want	a car?	Yes,	( )	do.
(5)	Does	your sister	study	hard?	Yes,	( )	does.

연·습·문·제 12

다음의 우리말을 영어로 말하시오.

(1-a) 톰은 날마다 8시에 학교에 간다.
(1-b) 톰은 날마다 8시에 학교에 가느냐?
(2-a) 너의 어머니는 일찍 일어나신다.
(2-b) 너의 어머니는 일찍 일어나시냐?
(3-a) 너는 나의 형을 알고 있다.
(3-b) 너는 나의 형을 아느냐?
(4-a) 그 소녀는 영어를 열심히 공부한다.
(4-b) 그 소녀는 영어를 열심히 공부하느냐?
(5-a) 그 학생들은 피아노를 매우 잘 친다.
(5-b) 그 학생들은 피아노를 매우 잘 치느냐?

(6-a) 그들은 서울에서 살고 있다.
(6-b) 그들은 서울에서 삽니까?
(7-a) 나의 선생님은 이 집에서 사신다.
(7-b) 너의 선생님은 이 집에서 사시니?
(8-a) 그들은 우리들을 안다.
(8-b) 그들은 우리들을 아느냐?
(9-a) 그녀는 그이를 미워합니다.   * hate [heit] 미워하다
(9-b) 그녀는 그이를 미워합니까?
(10-a) 그녀는 많은 돈을 가지고 있다.
(10-b) 그녀는 많은 돈을 가지고 있습니까?

(11-a) 수잔은 나와 함께 학교에 간다.
(11-b) 수잔은 너와 함께 학교에 가느냐?
(12-a) 당신의 제자들은 당신을 좋아한다.
(12-b) 당신의 제자들은 당신을 좋아합니까?
(13-a) 우리들의 아버지는 우리들을 위하여 열심히 일한다.
(13-b) 너의 아버지는 너희를 위하여 열심히 일하시니?
(14-a) 그 학생은 많은 책을 읽는다.
(14-b) 그 학생은 많은 책을 읽습니까?
(15-a) 너의 삼촌은 서울에 살고 있다.
(15-b) 너의 삼촌은 서울에 살고 있냐?

(16-a) 톰과 제인은 수영을 매우 잘 한다.
(16-b) 톰과 제인은 수영을 매우 잘 하니?
(17-a) 그 의사들은 많은 학생들을 도와준다.
(17-b) 그 의사들은 많은 학생들을 도와주니?

(18-a) 나는 매일 그녀를 만난다.   * meet [mi:t] 만나다
(18-b) 너는 매일 그녀를 만나니?
(19-a) 나의 형과 누나는 차를 원한다.
(19-b) 너의 형과 누나는 차를 원하니?
(20-a) 그들은 매일 그 강에서 수영한다.
(20-b) 그들은 매일 그 강에서 수영합니까?

(21-a) 나는 그이를 사모한다.   * love, admire [ədmáiər] 사모하다
(21-b) 당신은 그이를 사모합니까?
(22-a) 그들은 해마다(every year) 많은 집을 짓는다.
(22-b) 그들은 해마다 많은 집을 짓습니까?   * build [bild] 짓다, 건설하다
(23-a) 그이는 날마다 신발을 만든다.   * shoes [ʃu:z] 신발
(23-b) 그이는 날마다 신발을 만듭니까?

속 담

"Love hides ugliness"

사랑은 추악을 가리어 준다.
("사랑하면 추악한 모습이 안 보인다"는 뜻이다.)

* hide [haid] 숨기다, 가리다, 덮다   * ugliness [ʌ́glinis] 추악, 못생김

알아야 할 질병의 이름들 (전부 have로 표현한다.)
그냥 넘어가도 돼요. 가끔 심심풀이로 하나씩 외우세요.

나 가슴에 종기가 났어요.	I have a rash on my chest.	* [ræʃ] 종기
나 발에 타박상을 입었어요.	I have a bruise on my leg.	* [bru:z] 타박상
나 팔에 혹이 생겼어요.	I have a lump on my arm.	* [lʌmp] 혹
나 한 쪽 눈이 멍들었어요.	I have a black eye.	* [blæk ai] 멍든 눈
나 귀가 아파요.	I have an earache.	* [íəreik] 귀앓이
나 목구멍이 아파요.	I have a sore throat.	* [sɔ:rθrout] 후두염, 목이 아픔
나 옆구리가 아파요.	I have a pain in the side.	* [pein in ðəsaid] 옆구리 아픔

나 열이 나요.	I have a fever (=temperature).	* [fí:vər] 신열, 고열
나 엄지에 물집이 생겼어요.	I have a blister on the thumb.	* [blístər] 물집 * [θʌm] 엄지
나 가슴이 아파요.	I have chest pains.	* [tʃest peinz] 가슴이 아픔
나 관절이 아파요.	I have painful joints.	* [péinfəl dʒɔ́int] 관절이 아픔
나 감기 들었어요.	I have a cold.	* [kould] 감기
나 소화불량이어요.	I have indigestion.	* [índidʒéstʃən] 소화불량
나 설사해요.	I have diarrhea.	* [dáiərí:ə] 설사

LESSON 5

LESSON 5

단어 외우기 01

철자	발음기호	뜻	철자	발음기호	뜻
who	[hu:]	누가	bike	[baik]	자전거
whom	[hu:m]	누구를	cap	[kæp]	모자
whose	[hu:z]	누구의	people	[pí:pl]	사람들
what	[hwat]	무엇	tree	[tri:]	나무
when	[hwen]	언제	plant	[plænt]	① 심다 ② 식물
where	[hweər]	어디(에,서,로)	today	[tədéi]	오늘
how	[hau]	어떻게	tomorrow	[təmɔ́:rou]	내일
why	[hwai]	왜	morning	[mɔ́:rniŋ]	아침
which	[hwitʃ]	어느 것, 어느	afternoon	[æftərnú:n]	오후
eat	[i:t]	먹다	evening	[í:vniŋ]	저녁
leave	[li:v]	떠나다, 남기다	night	[nait]	밤
rose	[rouz]	장미꽃	village	[vílidʒ]	마을
teach	[ti:tʃ]	가르치다	month	[mʌnθ]	달(1년은 12달)
time	[taim]	시간, 세월, 때	year	[jiər]	년(1년은 12달)
what time		몇 시(에)	week	[wi:k]	주(1주는 7일)
egg	[eg]	달걀, 계란	bus	[bʌs]	버스
train	[trein]	기차	taxi	[tǽksi]	택시
buy	[bai]	(물건을) 사다	city	[síti]	도시

※ h와 r은 없어도 괜찮다. 즉 year [jiər]를 [jiə]라고 읽어도 된다.

for에는 「~동안」이라는 뜻도 있다.

for	a	year	일년 동안
for	two	years	2년 동안
for	a	week	일주 동안
for	many	weeks	여러 주 동안
for	an	hour	한 시간 동안
for	three	hours	세 시간 동안

for	a	month	한 달 동안
for	two	months	두 달 동안
for	a	day	하루 동안
for	five	days	5일 동안
for	five	minutes	5분 동안
for	ten	seconds	10초 동안

hour[áuər]와 time은 어떻게 다를까? 사람들은 time을 아래와 같이 나눈다.

	time을 나눈 단위	시간 단위 풀이	발음기호와 뜻
time 시간 세월	a century=	100 years	[séntʃuri] 1세기
	a year=	twelve months 또는 365 days	[jiər] 1년, 한 해
	a month=	31(30) days	[mʌnθ] 한 달
	a week=	seven days	[wi:k] 한 주, 7일간
	a day=	24 hours	[dei] 하루, 24시간
	an hour=	60 minutes	[áuər] 한 시간, 60분
	a minute=	60 seconds	[sékənd] 60초

※ time과 hour의 차이
- I helped her for five hours. <나는 그녀를 5시간 동안 도와주었다.>
- I helped her　　five times. <나는 그녀를 5번 도와주었다.>

※ "~했다"라고 하려면 동사의 끝에 ed를 붙이면 된다.

* wanted 원했다　　* helped 도와주었다

의문사의 활용　　02

who, whose, whom, what, which, where, when, why, how 등을 어떻게 사용하는지에 대하여 공부하게 된다. 이것들을 의문사라 부른다.

(1-ㄱ) 너는 피아노를 원하느냐 ?　⎫
(1-ㄴ) 너는 　무엇을 원하느냐 ?　⎬ 의 비교
　　　　　　　　　　　　　　　⎭

(1-ㄱ)=　　　　Do you want　a piano　?
(1-ㄴ)=　What　do you want　　　　?

• a piano를 버리고 그 대신에 문장의 앞에 What를 사용한다.

(2-ㄱ) 너는 서울에 사느냐 ?　⎫
(2-ㄴ) 너는 어디서 사느냐 ?　⎬ 의 비교
　　　　　　　　　　　　　　⎭

(2-ㄱ)=　　　　Do you live　in Seoul　?
(2-ㄴ)=　Where　do you live　　　　?

• in Seoul을 버리고 그 대신에 문장의 앞에 Where를 사용한다.

(3-ㄱ) 톰은 날마다 도서관에 가느냐?　⎫
(3-ㄴ) 톰은 날마다　어디에 가느냐?　⎬ 의 비교
　　　　　　　　　　　　　　　　　　⎭

(3-ㄱ)=　　　　Does Tom go　to the library　every day?
(3-ㄴ)=　Where　does Tom go　　　　every day?

연·습·문·제 13

아래의 우리말을 영어로 말하시오.

(1-a) 나의 아버지는 승용차가 필요하다(need).
(1-b) 너의 아버지는 승용차가 필요하냐?
(1-c) 너의 아버지는 무엇이 필요하냐?
(2-a) 그이의 삼촌은 부산에서 삽니다.
(2-b) 그이의 삼촌은 부산에서 삽니까?
(2-c) 그이의 삼촌은 어디서 삽니까?
(3-a) 이 학생은 야구(baseball)를 좋아합니다.
(3-b) 이 학생은 야구를 좋아합니까?
(3-c) 이 학생은 무엇을 좋아합니까?

(4-a) 그녀의 고모는 날마다 서울에 간다.
(4-b) 그녀의 고모는 날마다 서울에 갑니까?
(4-c) 그녀의 고모는 날마다 어디에 갑니까?
(5) 너는 날마다 어디에서 노니?
(6) 너는 손에(in your hand) 무엇을 가지고 있니?
(7) 너는 무엇이 필요하니?
(8) 너는 어디에서 공부하니?

who (누가), whose (누구의), whom (누구를) 03

> (4-ㄱ) 톰은 제인을 사랑하느냐?
> (4-ㄴ) 톰은 누구를 사랑하느냐? } 의 비교
>
> (4-ㄱ)=　　　　　Does Tom love　　Jane　?
> (4-ㄴ)=　Who(m)　does Tom love　　　　?

주의　Jane을 버리고 그 대신에 문장의 앞에 Whom을 사용한다.
위의 문장에서 Whom대신에 Who를 사용해도 된다.

> (5-ㄱ) 너는 톰과 함께 부산에 가느냐?
> (5-ㄴ) 너는 누구와 함께 부산에 가느냐? } 의 비교
>
> (5-ㄱ)=　　　　　Do you go to Busan　with Tom　?
> (5-ㄴ)=　Who(m)　do you go to Busan　with　　?

주의　영문 (5-ㄴ)을 다음의 (5-ㄷ)처럼 with를 whom의 앞에 놓아도 된다.

(5-ㄴ)　　Whom do you go to Busan with?
(5-ㄷ) With whom do you go to Busan　?

※ (5-ㄴ)에서는 Whom대신에 Who를 사용해도 되지만 (5-ㄷ)에서는 Whom 대신에 Who를 사용할 수 없다. 전치사 뒤에는 목적격을 사용해야 하기 때문이다. whom은 who의 목적격이다. Who는 주격이다.

(6-ㄱ) 톰이 그녀를 돕는다.
(6-ㄴ) 누가 그녀를 돕느냐? } 의 비교

(6-ㄱ)= | Tom (주어) | helps her | . |
(6-ㄴ)= | Who | helps her | ? |

※ Tom 대신에 Who를 사용한다는 것을 알 수 있다. 의문사가 주어이면 **do, does**를 사용하지 않는다. (6-ㄴ)에서는 **Who**가 주어이다.

(7-ㄱ) 톰의 어머니가 우리를 방문한다.
(7-ㄴ) 누구의 어머니가 우리를 방문합니까? } 의 비교

(7-ㄱ)= | Tom's mother (주어) | visits us | . |
⇩
(7-ㄴ)= | Whose mother | visits us | ? |

※ <Whose + 명사>가 주어이면 **do, does**를 사용하지 않는다.

(8-ㄱ) 우리들은 톰의 어머니를 방문합니까?
(8-ㄴ) 우리들은 누구의 어머니를 방문합니까? } 의 비교

	목적어		주어		목적어	
(8-ㄱ)=		Do	we	visit	Tom's mother	?
(8-ㄴ)=	Whose mother	do	we	visit		?

주의 영문 (8-ㄴ)처럼 <whose + 명사>가 주어가 아닌 문장에는 주어 앞에 **do, does**를 사용해야 한다. 위의 문장에서는 **we**가 주어다.

연·습·문·제 14

아래의 우리말을 영어로 말하시오.

(1-a) 그녀는 톰을 좋아한다.
(1-b) 그녀는 톰을 좋아합니까?
(1-c) 그녀는 누구를 좋아합니까?
(1-d) 누가 그녀를 좋아합니까? (※ do, does를 사용할 수 없다)

(2-a) 수잔은 날마다 미영(Mi-young)이를 만난다.
(2-b) 수잔은 날마다 미영이를 만나느냐?
(2-c) 수잔은 날마다 누구를 만나느냐?
(2-d) 누가 날마다 미영이를 만나느냐? (※ do, does를 사용하지 않는다)

(3-a) 톰의 누나는 제인의 언니를 도와준다.
(3-b) 톰의 누나는 제인의 언니를 도와줍니까?
(3-c) 톰의 누나는 누구의 언니를 도와줍니까?
(3-d) 누구의 누나가 제인의 언니를 도와줍니까? (※ do, does를 사용하지 않음)

(4-a) 너의 형은 오늘 누구를 방문하느냐?
(4-b) 누가 오늘 너의 형을 방문하느냐?
(4-c) 너의 형은 오늘 누구의 형을 방문하느냐?
(4-d) 누구의 형이 오늘 너의 형을 방문하느냐?

(5-a) 톰의 아버지는 날마다 그 농장(farm)에 간다.
(5-b) 톰의 아버지는 날마다 그 농장에 갑니까?
(5-c) 톰의 아버지는 날마다 어디에 갑니까?
(5-d) 누구의 아버지가 날마다 그 농장에 갑니까?

(6-a) 그녀는 너를 위하여 열심히 일한다.
(6-b) 그녀는 너를 위하여 열심히 일하느냐?
(6-c) 누가 너를 위하여 열심히 일하느냐?
(6-d) 그녀는 누구를 위하여 열심히 일합니까?

(7-a) 너는 약속이 있냐?
(7-b) 예, 있어요.
(7-c) 아니, 없어요.

(8-a) 그 학생들(students)은 그 선생님을 존경합니까?   * respect 존경
(8-b) 예, 존경합니다.
(8-c) 아니오, 존경하지 않습니다.
(8-d) 그 학생들은 누구를 존경합니까?
(8-e) 누가 그 선생님을 존경합니까?

how, why, what time, when   04

(9-ㄱ) 진주는 내일 부산에 갑니까? } 의 비교
(9-ㄴ) 진주는 언제 부산에 갑니까?

(9-ㄱ)=   Does Jin-ju go to Busan   tomorrow ?
(9-ㄴ)=   When   does Jin-ju go to Busan   ?

※ 영문 (9-ㄱ)에서 때를 나타내는 말 **tomorrow**를 버리고 그 대신에 『언제』라는 뜻을 가진 **When**을 문장의 앞에 사용하면 된다.

(10-ㄱ) 너는 6시에 일어나느냐? } 의 비교
(10-ㄴ) 너는 몇 시에 일어나느냐?

(10-ㄱ)=   Do you get up   at six   ?
(10-ㄴ)= What time do you get up   ?

(11-ㄱ) 너는 책이 3권 필요하냐? } 의 비교
(11-ㄴ) 너는 책이 몇 권 필요하냐?

(11-ㄱ)=   Do you need   three books ?
(11-ㄴ)= How many books   do you need   ?

※ 영문 (11-ㄱ)에서 **three**를 버리고 그 대신에 「몇」이라는 뜻을 가진 **how many**를 문장의 앞에 사용해야 한다. 숫자 뒤에 있는 명사를 **how many**와 떼어놓아서는 안 된다.
즉 **books**는 **how many**를 따라다녀야 한다.

how many와 how much는 다음과 같이 사용된다.

	how many	보통명사의 복수	do + 주어 + 동사
(12-ㄱ)	How many	books	do you need ?
(12-ㄴ)	How many	cars	do you need ?
(12-ㄷ)	How many	pencils	do you need ?
(12-ㄹ)	How many	toys	do you need ?
(12-ㅁ)	How many	watches	does Tom need ?
	how much +	물질명사	
(12-ㅂ)	How much	milk	do you need ?
(12-ㅅ)	How much	money	do you have ?
(12-ㅇ)	How much	coffee	do you want ?
(12-ㅈ)	How much	bread	do you have ?
(12-ㅊ)	How much	sugar	does Tom need ?

(12-ㄱ)=	너는 책이 몇 권 필요하냐?	(12-ㄴ)=	너는 차가 몇 대 필요하냐?
(12-ㄷ)=	너는 연필이 몇 자루 필요하냐?	(12-ㄹ)=	너는 장난감이 몇 개 필요하냐?
(12-ㅁ)=	톰은 시계가 몇 개 필요하냐?		
(12-ㅂ)=	너는 우유가 얼마나 필요하냐?	(12-ㅅ)=	너는 돈을 얼마 가지고 있냐?
(12-ㅇ)=	너는 커피를 얼마 원하느냐?	(12-ㅈ)=	너는 빵을 얼마 가지고 있냐?
(12-ㅊ)=	톰은 설탕이 얼마 필요하냐?		

How를 이용하여 다시 예문을 들어보겠다.

(13-ㄱ) 세 명의 학생이 오늘 그이를 방문합니다.
(13-ㄴ) 몇 명의 학생이 오늘 그이를 방문합니까? } 의 비교

(13-ㄱ)=　　　　Three　students　visit him today　?
(13-ㄴ)=　How many　students　visit him today　?

※ how many students가 주어이기 때문에 do, does를 사용하지 않는다.
　의문사 (who, whose, whom, what, when, where, why, how, which, how) 앞에는 do 나 does를 사용할 수 없다.

(14-ㄱ) 너는 일년에 부산에 열 번 가느냐 ?
(14-ㄴ) 너는 일년에 부산에 몇 번 가느냐 ? } 의 비교

(14-ㄱ)=　　　　　　　　　　Do you go to Busan　ten times　a year?
(14-ㄴ)=　How many times　do you go to Busan　　　　　　a year?

(15-ㄱ) 화이트 씨는　　그녀를 도와줍니다.
(15-ㄴ) 화이트 씨는 왜 그녀를 도와줍니까? } 의 비교

(15-ㄱ)=　　　　　　Mr. White help**s** her　　.
(15-ㄴ)= Why does　Mr. White help　her　?

• 문장의 가장 앞에 **why**를 사용하면 『왜 ~합니까?』라는 뜻이 된다.

『~를 타고 ~에 간다』에서 『~를 타고』는 『 by ~ 』이다. 보기를 들면 아래와 같다.

by train	기차를 타고, 기차로, 기차에 의하여
by bus	버스를 타고, 버스로, 버스에 의하여
by taxi	택시를 타고, 택시로, 택시에 의하여
by subway	지하철로, 지하철에 의하여
by airplane	비행기를 타고, 비행기로 * by ~에 의하여

(16-ㄱ) 너는 버스를 타고 학교에 가느냐?
(16-ㄴ) 너는 무엇을 타고 학교에 가느냐?   의 비교

(16-ㄱ)=   Do   you go to school   by bus ?
(16-ㄴ)= How   do   you go to school   ?

• 영문 (16-ㄴ)을 단어의 뜻대로 해석하면 『너는 어떻게 학교에 가느냐?』이다.
그러므로 『무엇을 타고 가느냐? = 어떻게 가느냐?』라는 것을 알 수 있다.

주의 그런데 『걸어서 간다』에서 『걸어서』는 발로 간다는 뜻이기 때문에 **on foot** 라고 한다.
   * foot [fut]의 뜻은 『발』이다.

보기)

• How do you go to school ? <너 어떻게 학교에 가느냐?>
• I go to school on foot. <나는 발로 학교에 다닌다. = 나는 학교에 걸어 다닌다.>

생각의 차이

『너는 그것에 대하여 어떻게 생각하니?』라는 말을 영국 사람들은 『너는 그것에 대하여 무엇을 생각하니? =What do you think of it?』라고 말한다. How do you think of it ? 라고 하면 안 된다. 우리말의 순서는 『남녀노소 (男女老少)』인데 영어로는 『男女少老』라는 순서로 말해야 한다. 두 가지 중에서 우대(優待)하거나 더 중요하다고 생각하는 것을 앞에 놓는 것이므로 우리나라는 어른을 우대하고 서양 사람들은 어린이를 중요시한다는 것을 알 수 있다. 또 우리들은 『남북, 빈부, 앞뒤로』라는 순서로 말하는데 영국 사람들은 『북남, 부빈, 뒤앞으로』라는 순서로 말한다.

* how 어떻게

which의 두 가지 뜻   05

which에는 다음의 두 가지 뜻이 있다. ① 어느 것 ② 어느 + 명사

(17-ㄱ) 너는 이 차가 필요하냐? ⎫
(17-ㄴ) 너는 어느 차가 필요하냐? ⎬ 의 비교
                                ⎭

| (17-ㄱ)= | | Do you need | this car | ? |
| (17-ㄴ)= | Which car | do you need | | ? |

(18-ㄱ) 너는 어느 개를 원하느냐? ⎫
(18-ㄴ) 너는 어느 것을 원하느냐? ⎬ 의 비교
                                 ⎭

| (18-ㄱ)= | Which dog | do you want? |
| (18-ㄴ)= | Which | do you want? |

다음 문장에 사용된 what은 모두 『무슨 ~, 어떤 ~』이라는 뜻을 가지고 있다.

(19-ㄱ)	What fruit	do you want?	<너는 무슨 과일을 원하느냐?>
(19-ㄴ)	What flower	do you like?	<너는 무슨 꽃을 좋아하냐?>
(19-ㄷ)	What color	do you like?	<너는 무슨 색을 좋아하느냐?>
(19-ㄹ)	What news	do you have?	<너는 무슨 소식을 가지고 있냐?>

※ what fruit <무슨 과일> = what kind of fruit <무슨 종류의 과일>
※ what flower <무슨 꽃> = what kind of flower <무슨 종류의 꽃>

* kind의 뜻: ① 친절한 ② 종류

연·습·문·제 15

A에 있는 영문을 참고하여 B를 영어로 말하시오.

	A	B
(1)	Jane gets up at six.	제인은 몇 시에 일어납니까?
(2)	Tom helps you.	누가 너를 도와주느냐?
(3)	Tom's father helps you.	누구의 아버지가 너를 도와주냐?
(4)	I go to school by bus.	너는 무엇을 타고 학교에 가느냐?
(5)	Your uncle lives in Seoul.	너의 삼촌은 어디 사느냐?
(6)	Tom comes here tomorrow.	톰은 언제 이곳에 오느냐?
(7)	I need a car.	너는 무엇이 필요하냐?
(8)	I have ten dollars.	너는 몇 달러 가지고있느냐?
(9)	I love Tom.	너는 누구를 사랑하느냐?
(10)	I want this necktie.	너는 어느 넥타이를 원하느냐?

연·습·문·제 16

다음 문장을 해석하시오.

(1) How many books do you read a month?
(2) How many students do you teach?
(3) How many times do you go to the library a month?
(4) What book do you want?
(5) Which car do you want?
(6) Which teacher teaches you?
(7) What animal do you like?   * animal [ǽniməl] 동물
(8) Why do you love her?
(9) Why do you live in the country?
(10) How much money do you need?

연·습·문·제 17

다음의 우리말을 영어로 말하시오.

(1-a) 톰은 다섯 시에 서울을 떠난다(leave Seoul).
(1-b) 톰은 다섯 시에 서울을 떠나느냐?
(1-c) 톰은 몇 시에 서울을 떠나느냐?
(1-d) 누가 다섯 시에 서울을 떠나느냐?

(2-a) 톰의 할머니(grandmother)는 내일 기차로 부산에 간다.
(2-b) 톰의 할머니는 내일 기차로 부산에 갑니까?
(2-c) 톰의 할머니는 내일 무엇을 타고 부산에 갑니까?
(2-d) 톰의 할머니는 언제 부산에 갑니까?

(3-a) 제인은 한 달에 책을 세 권 읽는다.
(3-b) 제인은 한 달에 책을 세 권 읽느냐?
(3-c) 제인은 한 달에 책을 몇 권 읽느냐?
(3-d) 제인은 한 달에 책을 몇 권 사느냐?

(4-a) 수잔(Susan)은 10달러를 가지고 있다.
(4-b) 수잔은 10달러를 가지고 있냐?
(4-c) 수잔은 몇 달러를 가지고 있느냐?
(4-d) 수잔은 돈을 얼마 가지고 있느냐?

(5-a) 너는 톰을 미워하느냐?   * hate 미워하다
(5-b) 너는 왜 톰을 미워하느냐?
(5-c) 너는 왜 많은 돈이 필요하냐?
(5-d) 너는 왜 영어를 배우느냐?

(6-a) 저 집에는 열 사람이 살고 있다.
(6-b) 저 집에서 몇 사람이 살고 있느냐?
(6-c) 너는 어느 집에서 살고 있느냐?

(7-a) 제인은 장미꽃(roses)을 좋아한다.
(7-b) 제인은 무슨 꽃을 좋아하느냐?

(8-a) 누가 우리를 깔봅니까?   * despise, look down on 깔보다
(8-b) 그들은 왜 너를 깔보느냐?

(9-a) 그녀는 왜 그렇게 열심히(so hard) 일하느냐?
(9-b) 너는 누구를 위하여 그렇게 열심히 일하느냐?

(10-a) 너는 어느 말을 원하느냐?   * horse 말
(10-b) 너는 어느 것을 원하느냐?
(10-c) 너는 무엇을 원하느냐?
(10-d) 너는 왜 이 말을 원하느냐?

연·습·문·제 18

밑줄 친 말을 바르게 고치시오. (총연습)

(1) He likes she.
(2) We like he.
(3) My aunt lives to Seoul.
(4) They helps me.
(5) I know they.
(6) I have many money.
(7) She has much dollars.
(8) Jane has many book.
(9) The farmer have a car.
(10) I know him brother

(11) Who(m) does you like?
(12) With who do you go to Seoul?
(13) Who does like you ?
(14) I work with he.
(15) We go to seoul this afternoon.
(16) She gos to school with her brother.
(17) The doctor helps jane.

(18) My father gets up every day at six.

(19) Who father goes to the country today?

(20) We work with they.

(21) She plaies the piano very well.

(22) Jane studys English very hard.

(23) She works hard for we.

(24) I works hard for my mother.

(25) How do you think of it?

(26) I want a egg. (아래 ★표 참고)

(27) A time has 60 minutes.

(28) Whose father does help you?

(29) The teacher teaches we. <그 선생님이 우리들을 가르친다.>

(30) Do you understand I? <내 말 이해되니?>

(31) I have a appointment. <나 약속 있어.>

(32) My father have much money.

★ a와 an은 뜻은 같지만 아래와 같이 사용한다.
　'a, e, i, o, u'는 모음이다.

a +	자음으로 시작되는 말	뜻	an +	모음으로 시작되는 말	뜻
a	book	책 한 권	an	ant	개미 한 마리
a	cat	고양이 한 마리	an	egg	계란 한 개
a	dog	개 한 마리	an	inn	여관 하나
a	taxi	택시 한 대	an	owl [aul]	올빼미 한 마리
a	mile	1 마일	an	uncle	삼촌 한 분

연·습·문·제 19

다음의 우리말을 영어로 말하시오. (총연습)

(1-a) 그이는 자전거(bike)를 한 대 가지고 있다.
(1-b) 그이는 자전거를 한 대 가지고 있습니까?

(2-a) 나는 너의 말을 믿는다.　*believe 믿다　*you 너, 너의 말, 네 말
(2-b) 너 나의 말을 믿지?　*me 나를, 내 말, 나의 말

(3-a) 그들은 우리들을 좋아한다.
(3-b) 우리들은 그들을 좋아한다.

(4-a) 톰은 11시에 잠잔다.
(4-b) 톰은 11시에 잠잡니까?
(4-c) 톰은 몇 시에 잠자리에 듭니까?

(5-a) 그이는 그녀를 사랑한다.
(5-b) 그녀는 그이를 사랑한다.

(6-a) 우리들은 그들을 지지한다.　*support [səpɔ́:rt] 지지하다
(6-b) 그들은 우리들을 지지한다.
(6-c) 그들의 아버지는 우리들의 아버지를 지지합니다.

(7-a) 톰은 이 집에서 삽니다.
(7-b) 톰은 이 집에서 삽니까?
(7-c) 톰은 어디서 삽니까?
(7-d) 톰은 어느 집에서 삽니까?
(7-e) 누가 이 집에서 삽니까?

(8-a) 톰은 오늘 오후 4시에 버스를 타고 부산에 간다.
(8-b) 톰은 오늘 오후 4시에 버스를 타고 부산에 가느냐?
(8-c) 톰은 언제 부산에 가느냐?
(8-d) 톰은 몇 시에 부산에 도착하느냐?   * get to 도착하다
(8-e) 톰은 오늘 오후에 무엇을 타고 부산에 가느냐?
(8-f) 누가 오늘 오후에 부산에 가느냐?

(9-a) 그 소년의 아버지는 날마다 시골에 간다.
(9-b) 그 소년의 아버지는 날마다 시골에 가느냐?
(9-c) 그 소년의 아버지는 날마다 어디에 가느냐?
(9-d) 누구의 아버지가 날마다 시골에 가느냐?
(9-e) 그 소년의 아버지는 왜 날마다 시골에 가느냐?

(10-a) 그녀는 오늘 아침에 서울을 떠난다.
(10-b) 그녀는 오늘 아침에 서울을 떠납니까?
(10-c) 그녀는 언제 서울을 떠납니까?
(10-d) 그녀는 왜 서울을 떠납니까?

(11-a) 너는 누구를 돕니?
(11-b) 누가 너를 도와주니?
(11-c) 누구의 아버지가 너를 도와주니?

(12-a) 당신은 누구의 아버지를 방문합니까?   * call on, visit 방문하다
(12-b) 누구의 아버지가 당신을 방문합니까?
(12-c) 너는 누구를 방문하느냐?
(12-d) 누가 너를 방문하느냐? (※ do를 사용하면 안 된다.)

PRACTICE

(13-a) 그 마을에는 몇 사람(how many people)이 삽니까?
(13-b) 당신은 해마다 나무를 몇 그루 심으십니까?
(13-c) 당신은 몇 명의 학생을 가르칩니까? (※ do를 사용해야 한다.)
(13-d) 몇 명의 학생이 오늘 당신을 방문합니까? (※ do를 사용하면 안 된다.)

(14-a) 너는 왜 그 거짓말쟁이를 좋아하느냐?   * liar [laiər] 거짓말쟁이
(14-b) 누가 그 거짓말쟁이를 좋아합니까?

다음의 말을 외우시오.

in the morning	아침에	this morning	오늘 아침에
in the afternoon	오후에	this afternoon	오늘 오후에
in the evening	저녁에	this evening	오늘 저녁에
at night	밤에	this week	금주에
tonight	오늘밤에	this month	이달에
tomorrow morning	내일 아침에	this year	금년에
tomorrow afternoon	내일 오후에	at dawn	새벽에
tomorrow evening	내일 저녁에	at sunset	석양에

회화연습

(1)	Thanks.	감사합니다.
(2)	Many thanks.	매우 감사합니다. (여러 가지 감사한 일)
(3)	Thank you (very much).	(매우) 감사합니다.
(4)	You are welcome.	천만에. (오히려 환영한다는 뜻)
(5)	Not at all.	천만에. (전혀 고마워할 것 없다는 뜻)
(6)	Don't mention it. [ménʃən]	천만에. (그런 말 마시오라는 뜻)
(7)	I'm sorry.	미안합니다.
(8)	That's all right.	괜찮아요, 좋아요.
(9)	Enjoy yourself.	즐겁게 노세요. (자신을 즐기라는 뜻)
(10)	Have a good time.	즐겁게 노세요. (좋은 시간을 가지라는 뜻)
(11)	Help yourself to the + 음식	~을 많이 잡수세요.
(12)	I beg your pardon. [pa:rdn]	다시 한 번 말씀해 주세요. (못 알아들었을 때)
(13)	Good morning.	안녕하세요. (아침인사)
(14)	Good night.	잘자. (밤에 헤어지면서 하는 인사)
(15)	Good-bye.	잘가. 잘 있어. (헤어질 때 인사)
(16)	So long.	잘가, 잘 있어.(헤어질 때 인사)
(17)	Congratulations. [kəŋgrætʃəléiʃəns]	축하합니다.
(18)	Happy birthday to you.	생일을 축하합니다.
(19)	Many happy returns. [ritə́:rnz]	생일을 축하합니다.
(20)	Wait a minute. [mínit]	잠깐만 기다려 주세요.

LESSON 6

LESSON 6
I do not know him

 ## 단어 외우기 01

철자	발음기호	뜻	철자	발음기호	뜻
drive	[draiv]	운전하다	carefully	[kɛ́ərfəli]	조심스럽게
often	[ɔ́(ː)fn]	자주	make	[meik]	만들다
foot	[fut]	발. 복수는 feet	make money		돈을 벌다
no	[nou]	아니오, 아니	usually	[júːʒuəli]	보통, 평소에는
tennis	[ténis]	정구, 테니스	always	[ɔ́ːlweiz]	항상
bathe	[beið]	목욕하다, 수영하다	sometimes	[sʌmtáimz]	때때로, 이따금
walk	[wɔːk]	걷다	never	[névər]	결코 ~하지 않다
come	[kʌm]	오다	quickly	[kwíkli]	빨리, 즉각, 곧
there	[ðeər]	저기(에), 그곳에	slowly	[slóuli]	느리게, 천천히
open	[óupn]	열다	another	[ənʌ́ðər]	또 하나의 (것)
sit	[sit]	앉다	one another		서로서로
stand	[stænd]	서다, 서있다	window	[wíndou]	창문
up	[ʌp, əp]	위로	please	[pliːz]	부디, 제발
down	[daun]	아래로	snake	[sneik]	뱀
door	[dɔːr]	출입문	driver	[dráivər]	운전수
close	[klouz]	닫다	seldom	[séldəm]	드물게, 모처럼
out	[aut]	밖으로	noise	[nɔiz]	소리, 소음
washer	[wɔ́ʃər]	세탁기	let's + 동사	[lets]	~합시다

반가운 영어

부정문 do not

(1-ㄱ) 우리들은 야구를 좋아한다.
(1-ㄴ) 우리들은 야구를 좋아하지 않는다. } 의 비교

| (1-ㄱ)= | We | | like baseball. |
| (1-ㄴ)= | We | do not | like baseball. |

- 『~은 ~한다』를 긍정문이라 하고, 『~은 ~하지 않는다』를 부정문이라 한다.
- 동사 앞에 do not을 쓰면 『~한다』가 『~하지 않는다』는 뜻이 된다.

(2-ㄱ) 그 학생들은 열심히 공부한다.
(2-ㄴ) 그 학생들은 열심히 공부하지 않는다. } 의 비교

| (2-ㄱ)= | The students | | study hard. |
| (2-ㄴ)= | The students | do not | study hard. |

주어가 단수이면 do not 대신에 does not 을 사용해야 한다.

| (3-ㄱ) | Tom | | studies hard. | 톰은 열심히 공부한다. |
| (3-ㄴ) | Tom | does not | study hard. | 톰은 열심히 공부하지 않는다. |

주어가 I 또는 you인 경우에는 do not을 사용해야 한다.

| (4-ㄱ) | I | | get up early. | 나는 일찍 일어난다. |
| (4-ㄴ) | I | do not | get up early. | 나는 일찍 일어나지 않는다. |

다음의 문장에서 **do not**과 **does not**을 눈여겨보아라.

		주 어	동사		목적어
복수	(5-ㄱ)	People	do	not	like snakes.
	(5-ㄴ)	They	do	not	like coffee.
	(5-ㄷ)	The girls	do	not	like coffee.
	(5-ㄹ)	Tom and Jane	do	not	like liars.
단수	(5-ㅁ)	He	does not		like snakes.
	(5-ㅂ)	She	does not		like coffee.
	(5-ㅅ)	My father	does not		like coffee.
	(5-ㅇ)	The girl	does not		like me.

위 문장의 뜻

복수	(5-ㄱ)=	사람들은 뱀을 좋아하지 않는다.
	(5-ㄴ)=	그들은 커피를 좋아하지 않는다.
	(5-ㄷ)=	그 소녀들은 커피를 좋아하지 않는다.
	(5-ㄹ)=	톰과 제인은 거짓말쟁이를(liar) 좋아하지 않는다.
단수	(5-ㅁ)=	그는 뱀을 좋아하지 않는다.
	(5-ㅂ)=	그녀는 커피를 좋아하지 않는다.
	(5-ㅅ)=	나의 아버지는 커피를 좋아하지 않는다.
	(5-ㅇ)=	그 소녀는 나를 좋아하지 않는다.

do not을 don't [dount]로 줄일 수 있고 does not을 doesn't [dʌznt] 로 줄일 수 있다. 그러므로 다음 각 쌍의 문장은 똑같은 뜻을 가지고 있다.

(6-ㄱ)	I	do not	like coffee.
(6-ㄴ)	I	don't	like coffee.
(7-ㄱ)	Jin-ju	does not	like coffee.
(7-ㄴ)	Jin-ju	doesn't	like coffee.

(7-ㄴ)= 진주는 커피를 안 좋아한다.
• 『아니 좋아한다』를 『안 좋아한다』로 줄이는 것과 같은 이치입니다.

 주의 "~을 가지고 있지 않다"라고 말하려면 "do not have + 명사"보다는 "have no + 명사"를 사용하는 게 더 간단해서 좋다.

	주어	동사	no + 명사	뜻
(a)	I	have	no money.	나는 돈이 없다.
(b)	I	have	no book(s).	나는 책 없다.
(c)	He	has	no dream.	그이는 꿈이 없다.
(d)	Jane	has	no brother(s)	제인은 남자형제가 없다.
(e)	Tom	has	no watch.	톰은 시계가 없다.
(f)	We	have	no car.	우리들은 차가 없다.
(g)	I	have	nothing.	나는 가진 게 아무것도 없다.
(h)	I	want	nothing.	나는 아무것도 원하지 않는다.
(i)	I	eat	nothing.	나는 아무것도 먹지 않는다.
(j)	I	need	nothing.	나는 아무것도 필요하지 않다.

* nothing [nʌ́θiŋ] 아무것도 ~하지 않다   * eat [i:t] 먹다   * watch 시계

연·습·문·제 20

다음의 문장을 부정문으로 고치시오.

(1) My sister studies very hard. (※ my sister는 3인칭 단수이다)
(2) We need much money. (※ we는 복수이다)
(3) Tom's brother needs a car. (※ Tom' brother는 3인칭 단수이다)
(4) Tom and Jane go to school early. (※ Tom and Jane는 복수이다)
(5) I go to school by bus.
(6) Mr. Brown plays tennis very well. (※ Mr. Brown은 3인칭 단수이다)
(7) She likes me. (※ she는 3인칭 단수이다)
(8) He loves her. (※ he는 3인칭 단수이다)
(9) My father eats an apple every day.
(10) I have a dream.

연·습·문·제 21

다음 우리말을 영어로 말하시오.

(1-a) 브라운 씨는 한국에 대하여 연구한다.   * study 공부한다 = 연구한다
(1-b) 브라운 씨는 한국에 대하여 연구하지 않는다.

(2-a) 우리들은 야구를 좋아한다.
(2-b) 우리들은 야구를 좋아하지 않는다.

(3-a) 수잔은 늦게(late) 잠자리에 든다.
(3-b) 수잔은 늦게 잠자리에 들지 않는다.

(4-a) 그녀는 많은 돈을 원한다.
(4-b) 그녀는 많은 돈을 원하는 것이 아니다.

(5-a) 그이는 날마다 도서관에 간다.
(5-b) 그이는 날마다 도서관에 가는 것은 아니다.

(6-a) 톰은 피아노를 매우 잘 친다.
(6-b) 톰은 피아노를 매우 잘 치지는 못한다.

(7-a) 나는 많은 돈을 가지고 있다. (돈이 많다)
(7-b) 나는 많은 돈을 가지고 있지는 않다.
(7-c) 나는 돈이 없다.

(8-a) 톰은 형제가 세 명 있어요.
(8-b) 톰은 형제가 없어요.
(8-c) 톰은 형제가 몇 명인가요?

(9-a) 나는 많은 식량(food)이 필요합니다.
(9-b) 나는 많은 식량이 필요한 것은 아닙니다.
(9-c) 나는 아무것도 필요하지 않아요.

(10) 나는 아무것도 먹지 않았어요.   * ate [eit] 먹었다
(11) 나는 가족이 없어요.   * family [fǽmili] 가족
(12) 나는 시간이 없어요.

부정의 의문문 03

(8-ㄱ) 너는 그이를 모른다.
(8-ㄴ) 너는 그이를 모르느냐? } 의 비교

(8-ㄱ)= You don't know him.
(8-ㄴ)= Don't you know him?

(8-ㄴ)과 (8-ㄷ)은 같은 뜻을 가지고 있다.

(8-ㄴ) Don't you know him?
(8-ㄷ) Do you not know him?

(9-ㄱ) 톰은 커피를 안 좋아한다.
(9-ㄴ) 톰은 커피를 안 좋아하느냐? } 의 비교

(9-ㄱ)= Tom doesn't like coffee.
(9-ㄴ)= Doesn't Tom like coffee?

--- 격 언

"Time is money"
시간은 돈이다.

문답하는 방법 04

다음의 문답을 익히자. (a)로 묻든 (b)로 묻든 대답은 같다.

(a) Do you like coffee? <너 커피 좋아하니?>
(b) Don't you like coffee? <너 커피 안 좋아하니?>

- 좋아한다는 대답 : Yes, I do.
- 안 좋아한다는 대답 : No, I don't.

또 보기를 들어보겠다.

Does your mother need a washer? <너의 어머니 세탁기가 필요하냐?>
Doesn't your mother need a washer? <너의 어머니 세탁기가 안 필요하니?>

- 필요하다는 대답 : Yes, she does.
- 안 필요하다는 대답 : No, she does not.

또 보기를 들어보겠다.

(ㄱ) Does Tom study hard? <톰은 열심히 공부 하니?>
(ㄴ) Doesn't Tom study hard? <톰은 열심히 공부 안 하니?>

- 열심히 공부한다는 대답 : Yes, he does.
- 열심히 공부하지 않는다는 대답 : No, he does not.

주의 (ㄱ)은 긍정문이고 (ㄴ)은 부정문이다. 긍정으로 묻든 부정으로 묻든 동일하게 대답해야 한다. 원어민과 대화할 때 매우 조심해야 하는 사항이다.

실례를 들어보겠다. A씨가 미국에서 차를 운전하다가 상대방의 과실에 의하여 차 사고를 당했다고 하자. 교통경찰이 A씨에게 「당신이 차를 받았지?」라고 물으면 A씨는 "No."라고 대답하면 된다. 그러나 「당신이 저분의 차를 받지 않았다고?」라고 묻는다면 우리나라 사람들은 <예, = Yes>라고 대답할 수 있다. 그러나 "Yes."라고 대답하면 큰 낭패를 당하게 된다. Yes라고 대답하면 자기가 받았다는 뜻이 되기 때문이다. 「당신이 저분의 차를 받지 않았지?」라고 물어도 A씨는 자기가 받지 않았으니까 "No."라고 대답해야 한다.

다시 보기를 들어보겠다.

Do you hate her? <너 그녀를 미워하냐?>
Don't you hate her? <너 그녀를 안 미워하지?>

- 미워한다는 대답 : **Yes, I do.**
- 안 미워한다는 대답 : **No, I don't.**

다음의 대화를 보자. 회화에서는 물어보는 말에 **Do**를 안 써도 된다.

Tom이 제인에게 : You have no money? <너 돈 없지?>
Jane이 톰에게 : **Yes**. <아니, 있어>   **No.** <그래, 없어>

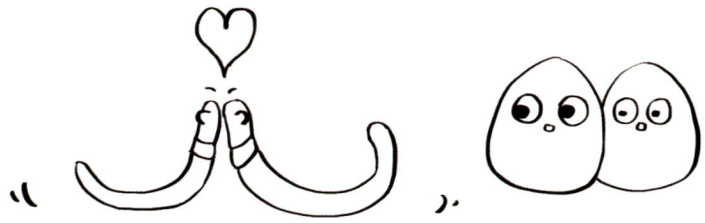

연·습·문·제 22

물음에 대한 옳은 대답을 고르시오.

(1) Don't you understand him? <너 그이의 말 이해 못 하냐?>　* understánd 이해하다
ⓐ No, I understand him.　　ⓑ No, I do.
ⓒ No, I don't.　　　　　　 ⓓ Yes, I don't.

(2) Doesn't your father need a car?
ⓐ Yes, he doesn't.　　ⓑ Yes, he doesn't need a car.
ⓒ Yes, he does.　　　ⓓ No, he needs a car.

(3) Do you go to school by bus?
ⓐ Yes, I go.　　ⓑ No, I don't.
ⓒ No, I do.　　ⓓ Yes, I don't.

연·습·문·제 23

다음의 우리말을 영어로 말하시오.

(1-a) 너는 버스로 학교에 가지 않니?
(1-b) 아니, 버스로 가.
(1-c) 그래 버스로 안 가.
(2-a) 너의 아버지는 돈을 많이 벌지 못하니?　* make much money 돈을 많이 벌다
(2-b) 그래, 못 벌어.
(2-c) 아니, 많이 벌어.
(3-a) 너의 누나 열심히 공부 안 하니?
(3-b) 그래, 열심히 공부 안 해.
(3-c) 아니, 열심히 해.

빈도부사 05

다음의 문장은 버스로 학교에 가는 빈도가 점점 줄어들고 있음을 나타내고 있다. 마지막 문장은 완전부정이다. 빈도부사는 일반적으로 동사의 바로 앞에 사용한다.

(10-ㄱ)	I	always	go to school by bus.	(100%)
(10-ㄴ)	I	generally	go to school by bus.	(80%)
(10-ㄷ)	I	usually	go to school by bus.	(80%)
(10-ㄹ)	I	often	go to school by bus.	(60%)
(10-ㅁ)	I	sometimes	go to school by bus.	(40%)
(10-ㅂ)	I	seldom	go to school by bus.	(20%)
(10-ㅅ)	I	never	go to school by bus.	(0%)

(10-ㄱ)= 나는 항상 버스를 타고 학교에 간다.
(10-ㄴ)= 나는 일반적으로 버스를 타고 학교에 간다.
(10-ㄷ)= 나는 대개는 버스를 타고 학교에 간다.
(10-ㄹ)= 나는 자주 버스를 타고 학교에 간다.
(10-ㅁ)= 나는 때때로 버스를 타고 학교에 간다.
(10-ㅂ)= 나는 버스를 타고 학교에 가는 일은 별로 없다.
(10-ㅅ)= 나는 버스를 타고 학교에 가는 일이 절대로(결코) 없다.

빈도부사를 문장의 가장 앞이나 가장 뒤에 사용할 수도 있다.

문장의 뒤에 사용한 예문)
- He visits me very often. <그는 나를 매우 자주 방문한다.>
※ visits 대신에 calls on을 사용해도 된다.

문장의 앞에 쓴 예문)
- Often he doesn't take medicine. <그는 약을 먹지 않는 경우가 비일비재하다.>
- Sometimes he comes by train. <그는 때로는 기차를 타고 온다.>

연·습·문·제 24

다음의 우리말을 영어로 말하시오.

(1) 그녀는 항상(always) 6시에 일어난다.
(2) 나는 때때로(sometimes) 걸어서(on foot) 학교에 간다.
(3) 그이의 어머니는 일반적으로(generally) 10시에 잠자리에 든다.
(4) 나는 자주(often) 도서관에 간다.
(5) 그녀는 도서관에 빈번히(frequently) 간다.
(6) 나는 경우에 따라서(occasionally)는 택시를 타고 학교에 간다.
(7) 내가 그녀를 만나는 일은 드물다.　＊ rarely 드물게, 좀처럼 ~하지 않는다.
(8) 나는 그녀를 만나는 일이 거의 없다.　＊ seldom 하는 일이 거의 없다
(9) 나는 대체로 11시에 잠자리에 든다.　＊ usually 대체로 ~한다
(10) 그 선생님은 절대로 학생을 매질하지 않는다.　＊ flog 매질하다

(11) 그녀의 오빠는 자주 군산(Gunsan)에 갑니까?　예, 그렇습니다.
(12) 그녀의 오빠는 이따금 군산에 갑니까?　그래요, 이따금 갑니다.
(13) 그녀는 항상 걸어서(on foot) 학교에 갑니까?　예, 그렇습니다.
(14) 너는 우유를 안 좋아하냐?
　　　대답 1 : 그래요. 안 좋아해요.　　대답 2: 아니오. 좋아해요.

(15) 너는 그녀를 자주 방문하느냐?
　　대답 1 : 예, 그렇습니다.
　　대답 2 : 아닙니다. 나는 그녀를 방문하는 일이 거의 없습니다.
(16) 민희야 (Min-hee), 너는 자주 요리하니?　* cook 요리하다
　　대답 1 : 예, 그렇습니다.
　　대답 2 : 아닙니다. 나는 요리하는 일이 거의 없습니다.
(17) 나는 이따금 톰과 함께 산책합니다.　* go for a walk 산책하다
(18) 나는 그 정거장에서 이따금 톰을 우연히 만납니다.　* come across 우연히 만나다
(19) 톰이 나를 방문하는 일은 거의 없습니다.　* visit = call on 방문하다
(20) 나는 이따금 톰에게 전화를 겁니다.　* phone (=call) Tom 톰에게 전화하다

(21) 나는 이따금 나의 약속(promise)을 잊는다.　* forget 잊다
(22) 나는 늦게 일어나는 일이 없다.　* never 절대 ~않다
(23) 나는 항상 그 문(door)을 8시에 연다.　* open 열다
(24) 그녀는 나에게 전화거는 일이 거의 없다. (seldom, rarely)
(25) 그들은 항상 우리들을 비난한다.　* criticize [krítisaiz] 비난하다
(26) 그녀는 가끔 나를 극구(높이) 칭찬한다(praise).　* to the skies 높게

명령문　06

상대방에게 명령하거나 부탁하거나 애원하거나 충고하는 말을 명령문이라 한다. 아래의 (ㄱ) (ㄴ) (ㄷ) (ㄹ) (ㅁ) (ㅂ)은 모두 명령문이다.
영어의 어순은 『주어 + 동사 + ~』인데 명령문은 주어를 빼고 동사로 시작한다.

| (ㄱ) 담배를 끊어라. | (ㄴ) 담배를 끊게. | (ㄷ) 담배를 끊으시오. |
| (ㄹ) 담배를 끊어. | (ㅁ) 발사! | (ㅂ) 목숨만은 살려주세요. |

명령, 부탁, 애원 등은 항상 상대방(you)에게 하는 것이므로 영어든 우리나라 말이든 주어인 you를 쓸 필요가 없다. 명령문은 동사로 시작한다.

주어는 You, 그러나 쓰지 않음	동사	기타	뜻
You (쓰면 안 된다)	Give up	smoking.	담배를 끊어라.
You (쓰면 안 된다)	Open	the door.	그 출입문을 열어라.
You (쓰면 안 된다)	Come	here.	이리 오너라.
You (쓰면 안 된다)	Go	there.	저리 가라.
You (쓰면 안 된다)	Stand	up.	일어서라.
You (쓰면 안 된다)	Sit	down.	앉아라.
You (쓰면 안 된다)	Go	out.	나가라.
You (쓰면 안 된다)	Come	in.	들어오너라.
You (쓰면 안 된다)	Help	me.	저를 도와주세요.

『~하지 마시오, ~하지 마라』라고 말하려면 동사의 바로 앞에 Do not이나 Don't를 사용한다. Does not이나 Doesn't를 사용할 수 없다.

| Open | the door. | 그 출입문을 열어라. |
| Don't open | the door. | 그 출입문을 열지 마라. |

다음 두 문장을 비교해 보자. 콤마(,)를 눈여겨보아라.

(11-ㄱ)	Tom	come**s** in.	톰이 들어온다. 톰이 등장한다.
(11-ㄴ)	Tom,	come in.	톰아, 들어오너라.

- 영문 (11-ㄱ)은 연극 따위에서 무대의 장면을 설명하는 말이다.

(12-ㄱ)		Stand up.	일어서라.
(12-ㄴ)	You,	stand up.	너, 일어서라.

- (12-ㄴ)은 상대방 누군가에게 손가락으로 지적하면서 명령하는 말이다.

명령문에 please를 사용하면 정중하게 또는 부드러운 태도로 명령하는 뜻을 갖게 된다. 다시 말하면 please를 사용하면 명령이라기보다는 부탁에 가깝다. 명령문에 사용하는 please의 뜻은 『부디, 제발, 아무쪼록, 바라건대』에 가깝다. 다음의 말은 모두 명령문이다.

① 가라. ② 가시오. ③ 가게. ④ 가. ⑤ 가주십시오. ⑥ 가다오.
위의 6가지 모두를 영어로는 다음과 같이 말한다.

	동사	
	Go.	
Please	go.	
	Go	, please.

please를 아래와 같이 사용할 수 있다.

지목받은 사람	please	don't	동사	기타	뜻
	Please		help	me.	저를 좀 도와주세요.
	Please		open	the door.	출입문 좀 열어 주세요.
	Please	don't	come	in.	제발 들어오지 마세요.
Tom,	please		sit	down.	톰, 제발 좀 앉아라.
Tom,		don't	sit	down, please.	톰, 제발 좀 앉지 마라.

please를 문장의 끝에 놓을 수도 있다. please를 문장의 끝에 놓으면 please 앞에 쉼표(,)를 사용해야 한다.

- Open the window, please. <창문 좀 열어 주실래요?>
- Stand up, please. <일어서 주실래요?>

격언

"Money rules the world"

세상을 지배하는 것은 돈이다.

* rule [ru:l] 지배하다, 다스리다   * world [wə:rld] 세계

~ 합시다   07

명령문에서 동사의 앞에 Let's를 사용하면 『~합시다, ~하자』라는 뜻이 된다. 『~하지 맙시다, ~하지 말자』라고 말하려면 Let's 뒤에 not을 사용한다.

(13-ㄱ) 일어서라.
(13-ㄴ) 일어섭시다. 의 비교

| (13-ㄱ)= | | Stand up. |
| (13-ㄴ)= | Let's | stand up. |

(14-ㄱ) 갑시다.
(14-ㄴ) 가지 맙시다. 의 비교

| (14-ㄱ)= | Let's | | go. |
| (14-ㄴ)= | Let's | not | go. |

아래 3개의 문장은 모두 같은 뜻을 가지고 있다.

(a) Let's not go. (구어체) = Let us not go. (문어체)
(b) Let's don't go. (구어체)
(c) Don't let's go. (구어체)

연·습·문·제 25

다음의 우리말을 영어로 말하시오.

(1-a) 그 창문을 닫아라.　　　　　＊ close 닫다
(1-b) 그 창문 좀 닫아주세요.
(1-c) 그 창문을 닫지 마라.
(1-d) 톰아, 그 창문을 닫아라.
(1-e) 톰아, 그 창문을 닫지 마라.
(1-f) 톰아, 그 창문 좀 닫지 말아다오.

(2-a) 열심히 공부해라.
(2-b) 부디 열심히 공부해라.
(2-c) 소년들아, 열심히 공부해라.
(2-d) 청춘을 낭비하지 마라.　　　＊ idle away ~ youth 청춘을 낭비하다
(2-e) 소년들아(boys), 젊은 시절을 허송하지 마라. (젊은 시절 = 너의 젊은 시절)

• ~의 자리에는 my, our, your, his, her, their 중 어느 하나를 사용해야 한다.

(3-a) 일어서라.
(3-b) 제발 좀 일어서라.
(3-c) (손가락으로 가리키면서) 너, 일어서라.
(3-d) 일어서지 마라.

(4-a) 그 출입문(door)을 열어라.
(4-b) 그 출입문을 열지 마라.
(4-c) 제발 좀 그 출입문을 열어 주세요.
(4-d) 톰아, 너 그 출입문을 열어라.

(5-a) 천천히(slowly) 걸어라.   * walk 걷다
(5-b) 천천히 걷지 마라.
(5-c) 천천히 걸읍시다.

(6-a) 앉읍시다.
(6-b) 앉지 맙시다.
(6-c) 떠들지 맙시다.   * make a noise 떠들다
(6-d) 영어를 공부합시다.

(7-a) 톰은 날마다 그 공원에 산책하러 간다(go to the park for a walk).
(7-b) 톰은 결코 그 공원에 산책하러 가지 않는다.
(7-c) 톰은 날마다 그 공원에 산책하러 가느냐?
(7-d) 톰은 날마다 그 공원에 산책하러 가지는 않느냐?
(7-e) 톰아, 날마다 그 공원에 산책하러 가라.
(7-f) 톰아, 그 공원에 산책하러 매일 가지는 마라.

(8-a) 톰은 이따금 자기의 봉급이 적다고 투덜거린다.　　* small salary [sǽləri] 적은 봉급
(8-b) 톰은 자기의 적은 봉급에 대하여 불평하는 일이 거의 없다.
(8-c) 톰은 봉급이 적다고 결코 불평하지 않는다.
(8-d) 톰아, 봉급이 적다고 불평하지 마라.
(8-e) 봉급이 적다고 불평하지 맙시다.

(9-a) 그녀는 자주 제인을 만난다.
(9-b) 그녀는 자주 제인을 만나느냐?
(9-c) 그녀는 얼마나 자주 제인을 만나느냐?
(9-d) 그녀는 왜 제인을 자주 만나느냐?
(9-e) 누가 제인을 자주 만나느냐?

※ **complain** [kəmpléin] **of** A = A에 대하여 투덜거리다

(10-a) 정정당당하게 싸웁시다.　　　* fair 정정당당　* fight 싸우다
(10-b) 쓰레기(wastes)를 버리지 맙시다.　　* throw away 버리다
(10-c) 내일 서울에서 모입시다.　　　* get together 모이다
(10-d) 그 계획을 포기하지 맙시다.　* give up 포기하다　* plan 계획
(10-e) 우리들의 소풍(picnic)을 연기합시다.　* put off 연기하다
(10-f) 축구합시다.
(10-g) 고향(home)에 돌아갑시다.　　* go back 돌아가다

LESSON 7

LESSON 7
This book is easy

 단어 외우기　01

철자	발음기호	뜻	철자	발음기호	뜻
easy	[íːzi]	쉬운, 용이한	interesting	[íntəristiŋ]	재미있는
kind	[kaind]	친절한	beautiful	[bjúːtəfəl]	아름다운
new	[njuː]	새로운	expensive	[ikspénsiv]	비싼
old	[ould]	늙은, 낡은	difficult	[dífikʌlt]	어려운
tall	[tɔːl]	키가 큰	diligent	[dílədʒənt]	부지런한
large	[laːrdʒ]	큰	careful	[kɛ́ərfəl]	조심성 있는, 세심한
clever	[klévər]	영리한	useful	[júːsfəl]	유용한, 쓸모 있는
strong	[strɔːŋ]	강한, 힘센	picture	[píktʃər]	그림, 사진
young	[jʌŋ]	젊은, 어린	tired	[táiəd]	피곤한
red	[red]	붉은, 빨간	flower	[fláuər]	꽃
thick	[θik]	두꺼운	player	[pléiər]	운동선수, 연주자
stone	[stoun]	돌	good	[gud]	좋은, 착한
dress	[dres]	옷, 드레스	mountain	[máuntin]	산(영국에서는 2,000피트이상)
lady	[léidi]	숙녀	building	[bíldiŋ]	건물
green	[griːn]	녹색(의)	brave	[bréiv]	용감한
busy	[bízi]	바쁜	Korean	[kəríən]	한국인, 한국어, 한국의

형용사의 역할 02

아래의 보기에서 형용사가 무슨 역할을 하는지 눈여겨 보아라.

관사	형용사	명사	관사	형용사	명사
그		소녀	the		girl
그	친절한	소녀	the	kind	girl

(1-ㄱ) 나는 그 소녀를 좋아한다.
(1-ㄴ) 나는 그 친절한 소녀를 좋아한다. } 를 비교해 보자

(1-ㄱ)= I like the girl.
(1-ㄴ)= I like the kind girl.

이   책 = this   book
이 쉬운 책 = this easy book

(2-ㄱ) 나는 이 책이 필요하다.
(2-ㄴ) 나는 이 쉬운책이 필요하다. } 의 비교해 보자

(2-ㄱ)= I need this book.
(2-ㄴ)= I need this easy book.

나의   차 = my   car
나의 새(로운) 차 = my new car

is + 형용사 03

형용사 앞에 is를 사용하면 『~하다』라는 뜻이 된다. 보기를 눈여겨 보아라.

	kind	친절한
is	kind	친절하다
	brave	용감한
is	brave	용감하다
	young	젊은
is	young	젊다

	clever	영리한
is	clever	영리하다
	beautiful	아름다운
is	beautiful	아름답다
	difficult	어려운
is	difficult	어렵다

빈칸에 뜻을 써라. 답은 바로 밑에 있음

		형용사		뜻			형용사		뜻
a)	is	rich	부유한		b)	is	poor	가난한	
c)	is	honest	정직한		d)	is	happy	행복한	
e)	is	large	큰		f)	is	busy	바쁜	
g)	is	pretty	예쁜		h)	is	long	긴	
i)	is	high	높은		j)	is	fast	빠른	
k)	is	wise	슬기로운		l)	is	cheap	싼	

a) 부유하다   b) 가난하다   c) 정직하다   d) 행복하다   e) 크다   f) 바쁘다
g) 예쁘다   h) 길다   i) 높다   j) 빠르다   k) 슬기롭다   l) 싸다

(3-ㄱ) 이 쉬운 책
(3-ㄴ) 이 책은 쉽다. } 의 비교

(3-ㄱ)= this easy book
(3-ㄴ)= This book is easy.

(4-ㄱ) 그 재미있는 책
(4-ㄴ) 그 책은 재미있다. } 의 비교

(4-ㄱ)= the interesting book
(4-ㄴ)= The book is interesting.

(5-ㄱ) 나의 영리한 개
(5-ㄴ) 나의 개는 영리하다. } 의 비교

(5-ㄱ)= my clever dog
(5-ㄴ)= My dog is clever.

속 담

"Time and tide wait for no man"

세월은 아무도 기다려주지 않는다.

* tide [taid] (바다의) 조수(潮水), 썰물의 바다. 흥망   * wait for A = A를 기다리다

아래의 예문을 눈여겨보아라.

		형용사	명사		형용사
(6-ㄱ)	the	deep	sea		
(6-ㄴ)	the	high	mountain		
(6-ㄷ)	this	famous	musician		
(6-ㄹ)	that	old	singer		
(6-ㅁ)	The		sea	is	deep.
(6-ㅂ)	The		mountain	is	high.
(6-ㅅ)	This		musician	is	famous.
(6-ㅇ)	That		singer	is	old.

* sea [siː] 바다   * musician [mjuːzíʃən] 음악가   * singer [síŋər] 가수

뜻은 아래와 같다.

(6-ㄱ)= 그 깊은 바다   (6-ㅁ)= 그 바다는 깊다.
(6-ㄴ)= 그 높은 산   (6-ㅂ)= 그 산은 높다.
(6-ㄷ)= 이 유명한 음악가   (6-ㅅ)= 이 음악가는 유명하다
(6-ㄹ)= 저 늙은 가수   (6-ㅇ)= 저 가수는 늙었다.

연·습·문·제 26

다음의 우리말을 영어로 말하시오.

		형용사	명사			
(1)	그	큰	방	그	방은	크다.
(2)	나의	빨간	드레스	나의	드레스는	빨갛다.
(3)	이	아름다운	그림	이	그림은	아름답다.
(4)	저	어려운	책	저	책은	어렵다.
(5)	그녀의	긴	머리	그녀의	머리는	길다.
(6)	그	바쁜	농부	그	농부는	바쁘다.
(7)	그	행복한	학생	그	학생은	행복하다.
(8)	나의	친절한	언니	나의	언니는	친절하다.
(9)	톰의	영리한	개	톰의	개는	영리하다.
(10)	저	유익한	책	저	책은	유익하다.
(11)	그	젊은	선생	그	선생은	젊다.
(12)	너의	현명한	형	너의	형은	현명하다.
(13)	이	재미있는	책	이	책은	재미있다.
(14)	그	키큰	선수(player)	그	선수는	키가 크다.
(15)	그	높은	산	그	산은	높다.

(16) 저 아름다운 소녀는 이 재미있는 책을 원한다.
(17) 그 영리한 소년은 이 정직한 학생을 좋아한다.
(18) 그 부지런한 농부는 이 새 트럭(truck)이 필요하다.
(19) 그 행복한 농부는 자기의 늙으신 어머니를 위하여 열심히 일한다.
(20) 키가 큰 그 학생은 그 새 도서관에 자주 간다.
(21) 그 부유한 의사는 불쌍한 사람들을 도와준다.
(22) 나의 아름다운 새 실크 드레스를 보아라. (look at ~)   * silk 비단, 실크
(23) 저 차가운 물(cold water)을 마시지 마라.   * drink 마시다
(24) 저 불쌍한(poor) 학생을 도와줍시다.

04. is 대신에 are를 사용하는 경우

주어가 복수이면 is 대신에 are를 사용해야 한다.

(7-ㄱ) 그 농부 는 바쁘다.
(7-ㄴ) 그 농부들은 바쁘다. } 의 비교

	주어	be동사	보어
(7-ㄱ)=	The farmer	is	busy.
(7-ㄴ)=	The farmers	are	busy.

(8-ㄱ) 이 책 은 재미있다.
(8-ㄴ) 이 책들은 재미있다. } 의 비교

| (8-ㄱ)= | This | book | is | interesting. |
| (8-ㄴ)= | These | books | are | interesting. |

• this의 복수는 these [ði:z]이고 that의 복수는 those [ðouz]이다.

(9-ㄱ) 저 책 은 쉽다.
(9-ㄴ) 저 책들은 쉽다. } 의 비교

| (9-ㄱ)= | That | book | is | easy. |
| (9-ㄴ)= | Those | books | are | easy. |

(10-ㄱ) 그 소년 은 정직하다.
(10-ㄴ) 그 소년들은 정직하다. } 의 비교

| (10-ㄱ)= | The boy | is | honest. |
| (10-ㄴ)= | The boys | are | honest. |

주어가 I이면 is를 사용하지 않고 am [æm, əm]을 사용해야 한다.
is, are, am을 통틀어 be [biː] 동사라 부른다. 다음의 문장을 눈여겨보기 바란다.

		주어	be동사	보어
단수	(1)	This picture	is	beautiful.
	(2)	That picture	is	beautiful.
	(3)	The picture	is	beautiful.
	(4)	She	is	beautiful.
	(5)	He	is	brave.
	(6)	Jane	is	beautiful.
복수	(7)	These pictures	are	beautiful.
	(8)	Those pictures	are	beautiful
	(9)	The pictures	are	beautiful.
	(10)	They	are	beautiful.
	(11)	We	are	beautiful.
	(12)	Jane and Susan	are	beautiful.
예외	(13)	You	are	beautiful.
	(14)	I	am	busy.

단수	(1)= 이 그림은 아름답다.		(2)= 저 그림은 아름답다.	
	(3)= 그 그림은 아름답다.		(4)= 그녀는 아름답다.	
	(5)= 그이는 용감하다.		(6)= 제인은 아름답다.	
복수	(7)= 이 그림들은 아름답다.		(8)= 저 그림들은 아름답다.	
	(9)= 그 그림들은 아름답다.		(10)= 그들(그것들)은 아름답다.	
	(11)= 우리들은 아름답다.		(12)= 제인과 수잔은 아름답다.	
예외	(13)= 너는 아름답다.		(14)= 나는 바쁘다.	

연·습·문·제 27

밑줄 친 것을 바르게 고치시오.

(1) This book <u>are</u> interesting. <이 책은 재미있어요>
(2) That <u>girls</u> is happy. <저 소녀는 행복해요>
(3) <u>That</u> boys are honest. <저 소년들은 정직합니다>
(4) <u>This</u> dresses are beautiful. <이 드레스들은 아름다워요>
(5) <u>These</u> dog is clever. <이 개는 영리합니다>
(6) The farmers <u>is</u> busy. <그 농부들은 바쁩니다>
(7) Those diligent <u>farmer</u> are happy. <저 부지런한 농부들은 행복합니다>
(8) We <u>is</u> happy. <우리들은 행복합니다>
(9) They <u>is</u> busy. <그들은 바쁩니다>
(10) Tom and Jane <u>is</u> kind. <톰과 제인은 친절합니다>

연·습·문·제 28

단수는 복수로 고치고 복수는 단수로 고치시오.

(1) This picture is beautiful.
(2) The girl is kind.
(3) The tall boy is honest.
(4) The red dress is beautiful.
(5) Those cars are expensive.
(6) These new buses are very expensive.
7) The teachers are wise.
(8) These diligent farmers are kind.
(9) My brothers study very hard.
(10) The country is very beautiful.

연·습·문·제 29

아래의 우리말을 영어로 말하고 또 쓰시오.

	단수	복수		단수	복수
(1)	이 드레스	이 드레스들	(2)	그 소년	그 소년들
(3)	저 숙녀	저 숙녀들	(4)	그 도시	그 도시들
(5)	그 나라	그 나라들	(6)	저 꽃	저 꽃들

(7) 이 정직한 소년
(8) 이 소년은 정직하다.
(9) 이 정직한 소년들
(10) 이 소년들은 정직하다.
(11) 그 아름다운 나라
(12) 그 나라는 아름답다.
(13) 그 친절한 숙녀들
(14) 그 숙녀들은 친절하다.

(15) 그 재미있는 책
(16) 그 책은 재미있다.
(17) 저 재미있는 책들
(18) 저 책들은 재미있다.
(19) 이 완행열차 (이 느린 기차)
(20) 이 기차는 느리다.
(21) 그 매우 빠른(very fast) 비행기
(22) 그 비행기는 매우 빠르다.

연·습·문·제 30

아래의 우리말을 영어로 말하고 또 쓰시오.

(1-a) 그 산은 높다.
(1-b) 그 산들은 높다.
(2-a) 나의 언니는 바쁘다.
(2-b) 나의 언니들은 바쁘다.
(3-a) 나는 행복하다.
(3-b) 우리들은 행복하다.
(4-a) 그들은 친절하다.
(4-b) 그들의 어머니는 친절하다.
(5-a) 그 선생님은 슬기롭다(wise).
(5-b) 그 선생님들은 슬기롭다.
(6-a) 톰은 피곤하다.
(6-b) 톰의 형은 피곤하다.

(7-a) 그 도시는 크다(large).
(7-b) 그 도시들은 크다.
(8-a) 이 드레스는 매우 싸다(cheap).
(8-b) 이 드레스들은 매우 싸다.
(9-a) 그 농부는 가난하다.
(9-b) 그 농부들은 가난하다.
(10-a) 그 소년은 매우 용감하다(brave).
(10-b) 그 소년들은 매우 용감하다.
(11-a) 이 책은 매우 쓸모가 있다(useful).
(11-b) 이 책들은 매우 쓸모가 있다.
(12-a) 그 빨간 드레스는 길다.
(12-b) 그 긴 드레스는 빨갛다.

형용사의 두 가지 기능   05

> (11-ㄱ) 이 드레스는 아름답다.
> (11-ㄴ) 이것은 아름다운 드레스다. } 의 비교
>
> * this의 뜻 : (1) 『이 ~』 (2) 『이것, 이분』
>
> (11-ㄱ)= This dress is beautiful.
> (11-ㄴ)= This   is a beautiful dress.

주의 (11-ㄴ)에 a 가 있는 것은 그 뒤에 dress라는 명사가 있기 때문이다.

아래의 문장에서 a와 an에 유의하자. a와 an의 뜻은 같다.

	주어	동사	a	첫 글자가 자음		주어	동사	an	첫 글자가 모음 a, e, i, o, u
(12-a)	This	is	a	worm.	(12-ㄱ)	This	is	an	ant.
(12-b)	It	is	a	dog.	(12-ㄴ)	It	is	an	eagle
(12-c)	I	have	a	cow.	(12-ㄷ)	He	is	an	idiot.
(12-d)	That	is	a	cat.	(12-ㄹ)	That	is	an	owl.
(12-e)	He	wants	a	piano.	(12-ㅁ)	Tom	has	an	uncle.

(12-a)= 이것은 벌레입니다.　　　　(12-ㄱ)= 이것은 개미입니다.
(12-b)= 그것은 개입니다.　　　　　(12-ㄴ)= 그것은 독수리입니다.
(12-c)= 나는 암소가 한 마리 있어요.　(12-ㄷ)= 그이는 바보입니다.
(12-d)= 저것은 고양이입니다.　　　(12-ㄹ)= 저것은 올빼미입니다.
(12-e)= 그이는 피아노를 원합니다.　(12-ㅁ)= 톰은 삼촌이 한 분 있어요.

is + 명사   06

is + 명사 = ~입니다. ~이다.
is + 형용사 = ~하다 (이것은 118쪽에서 배웠어요)

		a book	책
is		a book	책이다, 책입니다
		water	물
is		water	물이다, 물입니다
		a doctor	의사
is		a doctor	의사이다, 의사입니다
		my father	나의 아버지
is		my father	나의 아버지이다, 나의 아버지입니다
		Tom	톰
is		Tom	톰이다, 톰입니다

여기에서의 **is**의 뜻 : 『**~이다, ~입니다**』
수학에서 사용하는 "**=**" 기호와 같은 것입니다.

보기	Two	and (plus)	two	are [make(s), equal(s)]	four.
	2	+	2	=	4

아래에 있는 보기의 문장처럼 **is** 앞에 주어를 사용하면 완전한 글이 된다.

주어	명사	입니다	~은 (주어)	~입니다	명사
이것은	책	입니다 ⇨	이것은 This	입니다 is	책 a book.
그이는	선생	입니다 ⇨	그이는 He	입니다 is	선생 a teacher.
그녀의 이름은	제인	입니다 ⇨	그녀의 이름은 Her name	입니다 is	제인 Jane
우리들은	간호사	입니다 ⇨	우리들은 We	입니다 are	간호사들 nurses.

(13-ㄱ) 그이는　　　　의사입니다.
(13-ㄴ) 그이는 친절한 의사입니다. } 의 비교

	그이는	입니다	하나의	친절한	의사
(13-ㄱ)=	He	is	a		doctor.
(13-ㄴ)=	He	is	a	kind	doctor.

(14-ㄱ) 그　　　 의사는 나의 아버지입니다.
(14-ㄴ) 그 친절한 의사는 나의 아버지입니다. } 의 비교

	그	친절한	의사는	입니다	나의 아버지
(14-ㄱ)=	The		doctor	is	my father.
(14-ㄴ)=	The	kind	doctor	is	my father.

주어가 복수이거나 you이면 is 대신에 are를 사용하고 I이면 am을 사용한다.

(15-ㄱ) 이것　은 나의 책　이다.
(15-ㄴ) 이것들은 나의 책들이다. } 의 비교

	이것(들)	입니다	나의 책(들)
(15-ㄱ)=	This　(단수)	is	my book.
(15-ㄴ)=	These (복수)	are	my books.

(16-ㄱ) 그것　은 독수리　입니다.
(16-ㄴ) 그것들은 독수리들입니다. } 의 비교

	이것(들)	입니다	나의 책(들)
(16-ㄱ)=	It	is	an eagle.
(16-ㄴ)=	They	are	eagles.

is, are, am에 유의하여 다음 문장을 익히세요.

		주어 (~는, ~은)	~입니다	a	형용사나 소유격	보어(명사)
단수	(1)	This	is		my	car.
	(2)	That	is	a	new	car.
	(3)	It	is	an	interesting	book.
	(4)	He	is	a	wise	farmer.
	(5)	She	is	a	clever	nurse.
	(6)	Tom	is		my	brother.
복수	(7)	These	are		my	cars.
	(8)	Those	are		new	cars.
	(9)	They	are		interesting	books.
	(10)	My uncles	are		rich	farmers.
	(11)	We	are		happy	farmers.
	(12)	The boys	are		my	friends.
	(13)	You and I	are		good	friends.
예외	(14)	You	are	a	happy	teacher.
	(15)	I	am		your	friend.

- 소유격(my, your, his, our, ~등)은 a, an과 함께 사용할 수 없다.
  즉, a my book 또는 my a book은 잘못된 표현이다.

단수	(1)= 이것은 나의 차다.		(2)= 저것은 새 차입니다.	
	(3)= 그것은 재미있는 책이다.		(4)= 그이는 현명한 농부다.	
	(5)= 그녀는 영리한 간호사이다.		(6)= 톰은 나의 형 (또는 동생)이다.	
복수	(7)= 이것들은 나의 차들이다.		(8)= 저것들은 새 차들이다.	
	(9)= 그것들은 재미있는 책들이다.		(10)= 나의 숙부님들은 부유한 농부다.	
	(11)= 우리들은 행복한 농부이다.		(12)= 그 소년들은 나의 친구들이다.	
예외	(13)= 너와 나는 사이좋은 친구다.		(14)= 당신은 행복한 교사입니다.	
	(15)= 나는 너의 친구다.			

연·습·문·제 31

밑줄 친 곳에 a나 an을 쓰시오. 필요하지 않으면 X표하시오.

(1) He is _____ teacher.
(2) He is _____ my teacher.
(3) We are _____ teachers.
(4) This is _____ owl.
(5) Tom is _____ honest boy.
(6) His name is _____ Tom.
(7) My father is _____ kind teacher.
(8) This is _____ milk.
(9) It is _____ eagle.
(10) It is _____ useful book.
(11) He is _____ old doctor.
(12) She is _____ happy.

연·습·문·제 32

밑줄 친 곳에 적당한 be 동사를 쓰시오.

(1) I _____ a happy boy.
(2) You _____ a jerk. <너는 바보 얼간이다, 너는 멍청이다.>
(3) They _____ diligent farmers.
(4) We _____ busy.
(5) My uncle _____ a teacher.
(6) The farmers _____ my uncles.
(7) He _____ a traitor. <그는 반역자다>   * traitor [tréitər] 반역자
(8) The doctor _____ my father.
(9) These _____ my books.
(10) Those _____ expensive cars.

연·습·문·제 33

다음 문장을 해석하시오.

(1) It is an interesting story.
(2) The story is very interesting.
(3) His wife is childish.
(4) He is a childish liar.
(5) The silk dress is very beautiful.
(6) The beautiful silk dress is mine.
(7) It is a very beautiful lake.
(8) Tom is a very good tennis player.
(9) I am Korean. (또는 I am a Korean.)
(10) My father is a very diligent farmer.

(11) These red dresses are very expensive.
(12) They are rich and honest merchants.
(13) This new car is my father's.   * my father's 나의 아버지의 것
(14) Careful drivers drive carefully.
(15) I want that cheap red dress.
(16) Jane lives in that beautiful green house.
(17) Don't throw stones at the poor boy.   * at~ ~를 겨누어

(18) We like the honest and diligent guys.   * guy [gai] 사내, 녀석, 친구

(19) We need a cheap and strong car.

(20) This is an easy and interesting story book.

(21) He is a small but strong man.

(22) He is very clever, but (he is) not wise. (   ) 안에 있는 것은 생략할 수 있다.

* merchant [mə́:rtʃənt] 상인   * throw [θrou] 던지다   * small [smɔ:l] 작은
* but [bʌt] 그러나

연·습·문·제 34

다음의 우리말을 영어로 말하시오.

(1-a) 이 호수는 매우 아름답다.
(1-b) 이것은 매우 아름다운 호수이다.
(2-a) 저 꽃은 아름답다.
(2-b) 저것은 아름다운 꽃이다.
(3-a) 그 책은 재미있다.
(3-b) 그것은 재미있는 책이다.
(4-a) 그 선생님은 친절하다.
(4-b) 그이는 친절한 선생님이다.
(5-a) 그 숙녀는 행복하다.
(5-b) 그녀는 행복한 숙녀다.

(6-a) 그 개는 영리하다.
(6-b) 그것은 영리한 개다.
(7-a) 그 소년들은 용감하다.
(7-b) 그들은 용감한 소년들이다.
(8-a) 그 의사는 부유하고 친절하다.
(8-b) 그는 부유하고 친절한 의사다.
(9-a) 나는 행복한 소년이다.
(9-b) 우리들은 행복한 소년이다.

(10-a) 이것은 좋은 연필이다.
(10-b) 이것들은 좋은 연필이다.
(11-a) 톰은 미국인이다.
(11-b) 그들은 미국인이다.
(12-a) 나는 한국인이다.
(12-b) 우리들은 한국인이다.
(13-a) 그녀는 아름다운 숙녀이다.
(13-b) 그들은 아름다운 숙녀들이다.

속 담

"Money is everything"
세상만사 돈이면 해결된다. / 돈이 최고다.

* everything 모든 것, 모두, 가장 소중한 것(사람) / You are everything to me. <당신은 나의 전부>
  직역: 당신은 나에게 전부(가장 소중한 사람)입니다.

의문문 만들기   07

(17-ㄱ) 그이는 부유하다.
(17-ㄴ) 그이는 부유합니까? } 의 비교

| (17-ㄱ)= | | He | is | rich. |
| (17-ㄴ)= | Is | he | | rich? |

주의 is, are, am이 있는 문장을 의문문으로 고치려면 is, are, am을 주어의 앞에 놓으면 된다. Do나 Does를 사용하지 않는다.

(18-ㄱ) 그들은 경찰관들이다.
(18-ㄴ) 그들은 경찰관들입니까? } 의 비교

| (18-ㄱ)= | | They | are | policemen. |
| (18-ㄴ)= | Are | they | | policemen? |

* policeman [pəlíːsmən] 순경, 복수는 policemen
  policeman = police officer = cop

 ## 부정문 만들기   08

is, are, am이 있는 문장을 부정문으로 고치려면 is, are, am의 바로 뒤에 not을 사용하면 된다. do not, does not을 사용하지 않는다.

| (19-ㄱ) | He is | | a student. | <그이는 학생이다.> |
| (19-ㄴ) | He is | not | a student. | <그이는 학생이 아니다.> |

(20-ㄱ) 나는 학생이다.
(20-ㄴ) 나는 학생이 아니다. } 의 비교

| (20-ㄱ)= | I am | | a student. |
| (20-ㄴ)= | I am | not | a student. |

(21-ㄱ) 이것들은 나의 책들이다.
(21-ㄴ) 이것들은 나의 책들이 아니다. } 의 비교

| (21-ㄱ)= | These are | | my books. |
| (21-ㄴ)= | These are | not | my books. |

다음과 같이 줄여 쓸 수 있다.

is not	= isn't	[iznt]	I am	= I'm	[aim]
are not	= aren't	[a:rnt]	we are	= we're	[wiər]
she is	= she's	[ʃi:z]	you are	= you're	[juər]
he is	= he's	[hi:z]	they are	= they're	[ðeiər]

보기)

He is not kind.	= He isn't kind.	= He's not kind.
I am not rich.	= I ain't rich.	= I'm not rich.
We are not busy.	= We aren't busy.	= We're not busy.

다음과 같이 의문문을 만든다.

• **Aren't** you tired? <너는 피곤하지 않니?>   대답 : **No**, I'm not. <예, 안 피곤해요>
• **Isn't** he your father? <그이가 너의 아버지 아니냐?>   대답 : **No**, he is not. <예, 아닙니다>

문답하는 방법

[문1] **Are** you Korean? <당신은 한국인**입니까**?>
[문2] **Aren't** you Korean? <당신은 한국인이 **아닙니까**?>

위의 두 가지 물음에 대한 대답은 같다.
- 한국인이라는 대답 : Yes, I am.
- 한국인이 아니라는 대답 : No, I am not.

[문3] **Is** this your watch? <이것이 너의 시계**냐**?>
[문4] **Isn't** this your watch? <이것이 너의 시계 **아니냐**?>

- 나의 시계라는 대답 : Yes, it is. <예,(또는 아니오,) 제 것입니다.>
- 나의 시계가 아니라는 대답 : No, it's not. <예, (또는 아니오,) 제 것이 아닙니다.>

숫자(數字)공부

숫자	철자	읽기	숫자	철자	읽기
11	eleven	[ilévn]	16	sixteen	[sìkstíːn]
12	twelve	[twelv]	17	seventeen	[sèvntíːn]
13	thirteen	[θəːrtíːn]	18	eighteen	[èitíːn]
14	fourteen	[fɔːrtíːn]	19	nineteen	[nàintíːn]
15	fifteen	[fìftíːn]	20	twenty	[twénti]

연·습·문·제 35

다음 문장을 의문문으로 고치시오.

(1) His wife is American.
(2) The story is interesting.
(3) Jane is my friend.
(4) Jane likes my sister.
(5) He needs a new car.
(6) It is a new car.
(7) Tom is a good student.
(8) Tom studies hard.
(9) They are teachers.
(10) These books are interesting.

연·습·문·제 36

다음 문장을 부정문으로 고치시오.

(1) This is my car.
(2) That camera is yours.
(3) I am tired.
(4) I want a camera.
(5) We need a good teacher.
(6) Tom knows the wise farmer.
(7) Tom is a wise farmer.
(8) They are Korean.
(9) I go to bed late.
(10) The car is expensive.

연·습·문·제 37

다음의 우리말을 영어로 말하시오.

(1-a) 그녀는 아름답습니다.
(1-b) 그녀는 아름답습니까?
(1-c) 그녀는 아름답지 않습니다.
(2-a) 이 책은 재미있습니다.
(2-b) 이 책은 재미있습니까?
(2-c) 이 책은 재미있지 않습니다.
(3-a) 이것은 톰의 가방입니다.
(3-b) 이것은 톰의 가방입니까?
(3-c) 이것은 톰의 가방이 아닙니다.

(4-a) 톰의 아버지는 의사입니다.
(4-b) 톰의 아버지는 의사입니까?
(4-c) 톰의 아버지는 의사가 아닙니다.
(5-a) 그 개들은 영리합니다.
(5-b) 그 개들은 영리합니까?
(5-c) 그 개들은 영리하지 않습니다.
(6-a) 그들은 용감하고 젊은 경찰입니다.
(6-b) 그들은 용감하고 젊은 경찰들입니까?
(6-c) 그들은 젊은 경찰관이 아닙니다.

(7-a) 나는 바쁩니다.
(7-b) 당신은 바쁩니까?
(7-c) 나는 바쁘지 않습니다.
(8-a) 그는 나의 선생입니다.
(8-b) 그가 나의 선생입니까?
(8-c) 그는 나의 선생이 아닙니다.
(9-a) 톰은 그 음악가를 존경합니까?
(9-b) 톰은 그 음악가를 존경하지 않습니다.
(9-c) 톰은 그 음악가를 존경하지 않습니까?

연·습·문·제 38

다음의 우리말을 영어로 말하시오.

(1-a) 너 학생 아니냐? _____?
(1-b) 학생이라는 대답 : _____.
(1-c) 학생이 아니라는 대답 : _____.

(2-a) 톰은 너의 친구지? _____?
(2-b) 그렇다는 대답 : _____.
(2-c) 아니라는 대답 : _____.

(3-a) 톰은 너의 형이 아니지? _____?
(3-b) 형이라는 대답 : _____.
(3-c) 형이 아니라는 대답 : _____.

(4-a) 너 피곤하지 않지? _____?
(4-b) 피곤하다는 대답 : _____.
(4-c) 피곤하지 않다는 대답 : _____.

(5-a) 너는 그녀를 자주 만나지? _____.
(5-b) 그렇다는 대답 : _____.
(5-c) 그렇지 않다는 대답 : _____

(6-a) 너 그녀를 미워하지 않니? _____?
(6-b) 미워한다는 대답 : _____.
(6-c) 미워하지 않는다는 대답 : _____.

(7-a) 이것은 너의 책이지? _____?
(7-b) 그렇다는 대답 : _____.
(7-c) 그렇지 않다는 대답 : _____.

(8-a) 그녀는 한국인이 아니지? _____.
(8-b) 한국인이라는 대답 : _____.
(8-c) 한국인이 아니라는 대답 : _____.

10. 나이, 길이, 높이 등을 말하기

(22-ㄱ) 그 농부는 늙었다.
(22-ㄴ) 그 농부는 매우 늙었다.
(22-ㄷ) 그 농부는 70세이다.
의 비교

		늙은 정도 표시	
(22-ㄱ)=	The farmer is		old.
(22-ㄴ)=	The farmer is	very	old.
(22-ㄷ)=	The farmer is	seventy years	old.

- 생명이 있는 것은 탄생하는 순간부터 늙기 시작한다. 위 문장에 있는 농부는 탄생한 때로부터 70년 늙었다는 뜻이다.

(23-ㄱ) 그 산은 높다.
(23-ㄴ) 그 산은 매우 높다.
(23-ㄷ) 그 산은 높이가 2,000미터이다.
의 비교

		높은 정도 표시	
(23-ㄱ)=	The mountain is		high.
(23-ㄴ)=	The mountain is	very	high.
(23-ㄷ)=	The mountain is	2,000 meters	high.

* 1,000 = one thousand [θáuzənd]   * 2,000 = two thousand
* meter [mí:tər] 미터

길이, 깊이, 키, 두께, 너비, 거리 등에 대하여 말하려면 (22), (23)과 동일한 방법으로 말해야 한다.

(24-ㄱ) 그 거리는 넓다.
(24-ㄴ) 그 거리는 매우 넓다.
(24-ㄷ) 그 거리는 너비가 50미터이다.
⎫의 비교

넓은 정도 표시

	The street is		wide.
(24-ㄱ)=	The street is		wide.
(24-ㄴ)=	The street is	very	wide.
(24-ㄷ)=	The street is	50 meters	wide.

* street [striːt] (도시의) 거리   * 50 = fifty [fífti]   * wide [waid] 넓은

(25-ㄱ) 그 학교는 이곳에서 멀다.
(25-ㄴ) 그 학교는 이곳에서 매우 멀다.
(25-ㄷ) 그 학교는 이곳에서 4마일이다.
⎫의 비교

		떨어져 있는 정도	먼	부터 이곳
(25-ㄱ)=	The school is		far away	from here.
	The school is		distant	from here.
	The school is		a long way	from here.
(25-ㄴ)=	The school is	very	far	from here.
	The school is	very	distant	from here.
	The school is	a great	distance	from here.
(25-ㄷ)=	The school is	four miles	(away)	from here.

* mile [mail] 마일 (약 1609미터)   * distant [dístənt] 먼   * far 멀리, 먼
* away [əwéi] (붙어 있지 않고) 떨어져(서),

주의 (25-ㄱ)에 있는 3개의 문장 중에서 세 번째 문장이 가장 많이 사용된다. 또 four miles 뒤에 away를 써도 된다.

144 • LESSON 7

(a)	My school is		far	from here.	※ 틀린 표현. far대신 a long way를 써야 함
(b)	My school is	too	far	from here.	나의 학교는 이곳에서 너무 멀다.
(c)	My school is	quite	far	from here.	나의 학교는 이곳에서 꽤 (제법) 멀다.
(d)	My school is	terribly	far	from here.	나의 학교는 이곳에서 굉장히 멀다.
(e)	My school is	not	far	from here.	나의 학교는 이곳에서 멀지 않다.
(f)	My school is	not that	far	from here.	나의 학교는 이곳에서 그정도로 멀지는 않다.

유사한 문장을 모아서 보여줄 터이니 외우기 바란다.

		숫자	단위	형용사	문장의 뜻
기본 문장	(ㄱ) The river is (ㄴ) Tom is (ㄷ) The wall is (ㄹ) The lake is			long. tall. thick. deep.	그 강은 길다. 톰은 키가 크다. 그 벽은 두껍다. 그 호수는 깊다.
응용된 문장	㉮ The river is ㉯ Tom is ㉰ The wall is ㉱ The lake is	1,000 six twenty 100	miles feet inches meters	long. tall. thick. deep.	그 강은 길이가 1,000마일입니다 톰은 키가 6피트입니다. 그 벽은 두께가 20인치입니다. 그 호수는 깊이가 100미터입니다.

* feet [fi:t] foot의 복수임   * foot [fut] 12인치 (약 30센티미터에 해당한다)
* inch [intʃ] 인치 (약 2.54센티미터)   * deep [di:p] 깊은   * lake [leik] 호수
* wall [wɔ:l] 벽, 담   * 100 = one hundred [hʌndred]

연·습·문·제 39

아래의 우리말을 영어로 말하시오.

(1-a) 그이는 키가 크다.

(1-b) 그이는 키가 5피트 8인치이다.

(1-c) 그이는 키가 큽니까?

(1-d) 그이는 키가 크지 않습니다.

(1-e) 그이는 키가 크지 않은가요?

(1-f) 예, 크지 않아요.

(1-g) 아닙니다. 큽니다.

(2-a) 백두산(Mt. Baekdu)은 매우 높다.

(2-b) 백두산은 높이가 2,744미터입니다.

(3-a) 그 거리는 넓다.

(3-b) 그 거리는 너비가 80미터이다.

(3-c) 그 거리는 넓은가요 ?

(3-d) 그 거리는 넓지 않은가요?

(3-e) 예, 넓지 않습니다.

(3-f) 아닙니다. 넓습니다.

(4-a) 나의 할머니(grandmother)는 매우 늙었다.

(4-b) 나의 할머니는 80세이다. (= 나의 할머니의 나이는 80이다.)

(5-a) 그 바다는 매우 깊다.

(5-b) 그 바다는 깊이가 1,000 미터이다.

(5-c) 그 바다는 깊지 않지?

(5-d) 아니, 깊어요

(5-e) 그래, 깊지 않아.

(6-a) 부산은 이곳으로부터 멀다. (2가지로)
(6-b) 부산은 이곳으로부터 200 마일(mile) 떨어져 있다.
(7-a) 그 빌딩은 매우 높다.
(7-b) 그 빌딩은 높이가 500피트이다.
(8-a) 그 책은 두껍다.
(8-b) 그 책은 두께가 3인치이다.
(9-a) 그 밧줄은 매우 길다.
(9-b) 그 밧줄은 길이가 100미터이다.

※ **high**는 해면을 기준으로 하고 **tall**은 그 사물이 서 있는 지면을 기준으로 삼는다. 그러나 높은 빌딩을 **tall building** 또는 **high building**이라고 한다. 또 높은 나무를 **tall tree** 또는 **high tree**라고 한다.

속 담

"Nature is a good mother"

대자연은 자애로운 어머니다.

의역 : 부모가 없어도 아이는 자란다. (대자연이 보살펴주니까)

* nature [néitʃər] (대)자연

연·습·문·제 40

아래의 우리말을 영어로 말하시오.

(1-a) 톰은 그녀를 좋아합니다.
(1-b) 톰은 그녀를 좋아하지 않습니다.
(1-c) 톰은 그녀를 좋아합니까?
(1-d) 톰은 누구를 좋아합니까?
(1-e) 누가 그녀를 좋아합니까?
(1-f) 톰은 그녀를 좋아하지 않습니까? 그래요, 안 좋아해요.
(1-g) 톰은 왜 그녀를 좋아합니까?

(2-a) 그 의사는 가방 안에 많은 돈을 가지고 있습니다.
(2-b) 그 의사는 가방 안에 많은 돈을 가지고 있습니까?
(2-c) 그 의사는 가방 안에 무엇을 가지고 있습니까?
(2-d) 그 의사는 가방 안에 몇 달러 가지고 있습니까?
(2-e) 그 의사는 가방 안에 돈을 얼마 가지고 있습니까?

숫자 외우기

20	twenty [twénti]	21	twenty-one
30	thirty [θə́:ti]	32	thirthy-two
40	forty [fɔ́:ti]	43	forty-three
50	fifty [fífty]	54	fifty-four
60	sixty [síksti]	65	sixty-five
70	seventy [sévənti]	76	seventy-six
80	eighty [éiti]	87	eighty-seven
90	ninety [náinti]	98	ninety-eight
100	one hundred	1,000	one thousand
10,000	ten thousand	1,000,000	one million

LESSON 8

LESSON 8

단어 외우기 01

철자	발음기호	뜻	철자	발음기호	뜻
dear	[diər]	귀여운, 그리운	camera	[kǽmərə]	카메라
son	[sʌn]	아들	feel	[fi:l]	느끼다
true	[tru:]	참된, 올바른	get	[get]	되다, 얻다
bird	[bə:rd]	새	proud	[praud]	자랑하는, 거만한
game	[geim]	경기, 게임	sure	[ʃuər]	확실한, 확신하는
color	[kʌlər]	색, 색깔	able	[eibl]	유능한, ~할 수 있는
price	[prais]	가격	afraid	[əfréid]	무서워하는
angry	[ǽŋgri]	성난, 화가 난	ashamed	[əʃéimd]	수줍어하는
ill	[il]	아픈, 병든, 나쁜	fond	[fɔnd]	좋아하는, 상냥한
hungry	[hʌ́ŋgri]	배고픈, 굶주린	black	[blæk]	검은, 검은 색
cold	[kould]	추운, 감기	success	[səksés]	성공
knife	[naif]	칼	victory	[víktəri]	승리
desk	[desk]	책상	too	[tu:]	역시, 너무, 지나치게
dish	[diʃ]	접시, 음식, 요리	interested	[íntəristid]	흥미를 가진
watch	[wɔtʃ]	시계	Miss ~	[mis]	~양
beef	[bi:f]	쇠고기			Miss Kim 김양
name	[neim]	이름	Mrs. ~	[mísiz]	~여사
pork	[pɔ:rk]	돼지고기			Mrs Kim 김여사
sheep	[ʃi:p]	양	fruit	[fru:t]	과일
hobby	[hábi]	취미	station	[stéiʃən]	정거장
season	[sí:zn]	계절	the Nile	[nail]	나일강
			goat	[gout]	염소
			parent	[pɛ́ərənt]	부모

what, who가 있는 의문문　　02

(ㄱ)을 영어로 말 할 수 있으면 (ㄴ)을 영어로 말하는 것은 식은 죽 먹기입니다.
"이것은 사과입니다"를 영어로 말 수 있지요? 그러면 술술 풀립니다.

(1-ㄱ) 이것은 사과입니까?　⎫
(1-ㄴ) 이것은 무엇입니까 ?　⎬ 의 비교

(1-ㄱ)=　　　　Is this　an apple　?

(1-ㄴ)=　What　is this　　　　?

(2-ㄱ) 그녀는 제인입니까?　⎫
(2-ㄴ) 그녀는 누구입니까?　⎬ 의 비교

(2-ㄱ)=　　　　Is she　　Jane　?

(2-ㄴ)=　Who　is she　　　　?

(3-ㄱ) 너의 이름은 반미소이냐?　⎫
(3-ㄴ) 너의 이름은　무엇이냐?　⎬ 의 비교

(3-ㄱ)=　　　Is your name　Mi-so Barn　?

(3-ㄴ)=　What　is your name　　　　?

• Mi-so Barn을 버리고 그 대신에 문장의 맨 앞에 What을 쓰면 되지요?

(4-ㄱ) 그이는 경찰입니까?
(4-ㄴ) 그이는 무엇입니까? } 의 비교

(4-ㄱ)=　　　　Is he　a police officer　?
(4-ㄴ)=　What　is he　　　　　　?

이름이나 관계를 물어보려면 **who**를 사용하고 직업을 물어보려면 **what**을 사용한다.

(5-ㄱ) 그녀가 너의 언니냐?
(5-ㄴ) 그녀는　 누구냐? } 의 비교

(5-ㄱ)=　　　　Is she　your sister　?
(5-ㄴ)=　Who　is she　　　　　?

다음의 문답을 눈여겨보아라.

[문] Who are you ?　　　　　　너는 누구냐?

　[답1] I'm Yale Kim.　　　　　　<나는 김예일이다. (이름을 댄다)>
　[답2] I'm your friend.　　　　　<나는 너의 친구다. (관계를 댄다)>
　[답3] I'm your friend, Yale Kim.　<나는 너의 친구인 김예일이다. (관계와 이름)>

아래의 문답을 익혀두어라. (※ a의 유무(有無)에 주의할 것)

	물음(question)			대답(answer)		
(ㄱ)	What is	this	?	It	is	a butterfly.
(ㄴ)	What is	that	?	It	is	a bee.
(ㄷ)	What are	these	?	They	are	butterflies.
(ㄹ)	What are	those	?	They	are	bees.
(ㅁ)	What is	it	?	It	is	a bee.
(ㅂ)	What is	your name	?	My name	is	Yale Kim.
(ㅅ)	What is	your father	?	He	is	a farmer.
(ㅇ)	What is	your hobby	?	My hobby	is	traveling.

* hobby [hábi] 취미   * butterfly [bʌ́təflai] 나비   * bee 벌
* traveling [trǽvəliŋ] 여행

(ㄱ)= 이것은 무엇이냐?   그것은 나비다.
(ㄴ)= 저것은 무엇이냐?   그것은 벌이다.
(ㄷ)= 이것들은 무엇이냐?   그것들은 나비들이다.
(ㄹ)= 저것들은 무엇이냐?   그것들은 벌들이다.
(ㅁ)= 그것은 무엇이냐?   그것은 벌이다.
(ㅂ)= 너의 이름은 무엇이냐?   나의 이름은 김예일이다.
(ㅅ)= 너의 아버지는 무엇하시는 분이냐? 그이는 농부입니다.
(ㅇ)= 너의 취미는 무엇이냐 ?   나의 취미는 여행이다.

※ 직업을 물어보려면 (ㅅ)보다는 What does your father do? 가 더 좋다.

연·습·문·제 41

다음의 우리말을 영어로 말하시오.

(1-a) 이것은 칼입니다.　　＊ knife [naif] 칼
(1-b) 이것은 칼입니까?
(1-c) 아니오, 그것은 칼이 아닙니다.
(1-d) 이것은 칼이 아닙니까?
(1-e) 예, 그것은 칼이 아닙니다.
(1-f) 아니오, 그것은 칼입니다.
(1-g) 이것은 무엇입니까?

(2-a) 저것은 쇠고기(beef)입니다.
(2-b) 저것은 쇠고기입니까?
(2-c) 예, 그렇습니다.
(2-d) 저것은 쇠고기가 아닙니까?
(2-e) 예, 그것은 쇠고기가 아닙니다.
(2-f) 저것은 무엇입니까?
(2-g) 그것은 돼지고기(pork)입니다.

(3-a) 그 소년은 나의 아들입니다.
(3-b) 그 소년은 누구입니까?
(3-c) 그 소녀의 이름은 반미소(Mi-so Barn)입니다.
(3-d) 그 소녀의 이름은 무엇입니까?

(4-a) 이 학생은 누구입니까?
(4-b) 그이는 나의 아우(younger brother)입니다.

(5-a) 너의 형의 이름은 무엇이냐?
(5-b) 그이의 이름은 반치용(Chi-yong, Barn)입니다.

(6-a) 이것들은 무엇입니까?
(6-b) 그것들은 접시들입니다.   * dish 접시

(7-a) 저것들은 양이 아닙니까?   * sheep 양
(7-b) 예, 그것들은 양이 아닙니다.
(7-c) 그렇다면 그것들은 무엇입니까?   * then 그렇다면
(7-d) 그것들은 염소입니다.   * goat 염소

수수께끼입니다! 그것이 무엇일까요? (답은 252쪽에 있음)

그것을 만드는 자는 그것을 탐내지 않고
그것을 사 가는 자에게는 그것이 소용없고
그것은 그것을 메고 가는 자의 것이 아니고
그것을 가진 자는 그것을 가지고 있다는 것을 모른다.

- clue : 1) 고체   2) 사람들은 대체로 혐오감을 가짐
         3) 혼자 들기에는 무거움

39쪽에 있는 수수께끼의 답 : 가죽으로 만든 구두

whose, which가 있는 의문문   03

(6-ㄱ) 이것은   톰의 모자입니다.
(6-ㄴ) 이것은   톰의 모자입니까? } 의 비교
(6-ㄷ) 이것은   누구의 모자입니까?

(6-ㄱ)=			This	is	Tom's cap.
(6-ㄴ)=		Is	this		Tom's cap?
(6-ㄷ)=	Whose cap	is	this		?

또 다음의 문장을 눈여겨보세요.   * this red cap 이 붉은 모자

(6-ㄷ) 이것은   누구의 모자입니까?
(6-ㄹ) 이 붉은 모자는 누구의 모자입니까? } 의 비교

(6-ㄷ)=	Whose cap	is	this		?
(6-ㄹ)=	Whose cap	is	this red one		?

•이 문장의 one은 하나라는 뜻이 아니라 cap을 대신한 말이다.

아래 문장에 있는 one은 dog를 대신하는 말이다.

Tom의 물음	Do	you have	a dog?	너 개 있니?
Jane의 대답 1	Yes,	I have	a clever one.	응, 영리한 개 있어.
Jane의 대답 2	Yes,	I have	an old one.	응, 늙은 개 있어.

LESSON 8

복수명사 대신에 **ones**를 쓸 수 있다.

보기)
- I have one (=a) red pencil, and two black ones (=pencils).
  <나는 붉은 연필 한 자루와 검은 연필 두 자루를 가지고 있다.>

(7-ㄱ) 저것은 너의 시계냐?
(7-ㄴ) 저것은 누구의 시계냐? } 의 비교

| (7-ㄱ)= | | Is | that | your watch | ? |
| (7-ㄴ)= | Whose watch | is | that | | ? |

(7-ㄴ)에 대하여 다음과 같이 대답할 수 있다.

(1) It's mine. <그것은 내 것이다> 또는, It's my watch.
(2) It's yours. <그것은 너의 것이다> 또는, It's your watch.
(3) It's Tom's. <그것은 톰의 것이다> 또는, It's Tom's watch.

(8-ㄱ) 그것은 톰의 우산이다.
(8-ㄴ) 어느 것이 톰의 우산이냐? } 의 비교

| (8-ㄱ)= | It | is Tom's umbrella. |
| (8-ㄴ)= | Which | is Tom's umbrella? |

※ **it** 대신에 **which**를 사용하면 된다.

다시 예문을 보자.

(9-ㄱ) 이것이 너의 차다.
(9-ㄴ) 어느 것이 너의 차냐? } 의 비교

| (9-ㄱ)= | This | is your car. |
| (9-ㄴ)= | Which | is your car? |

which에는 (1)『어느 것』이라는 뜻과 (2)『어느 ~』라는 뜻이 있다.

(10-ㄱ) 어느 것이 당신의 차입니까?
(10-ㄴ) 어느 차가 당신의 것입니까? } 의 비교

(10-ㄱ)= Which   is your   car ?
(10-ㄴ)= Which car is yours   ?

(11-ㄱ) 어느 것이 너의 차냐?
(11-ㄴ) 어느 것이 너의 차냐, 이것이냐 혹은 저것이냐? } 의 비교

| (11-ㄱ)= | Which is your car ? |
| (11-ㄴ)= | Which is your car, this or that ? |

※ this or that? 대신에 this one or that one이라고 해도 되고, 또 this red one or that black one이라고 해도 된다. 이곳의 one 은 car를 대신한 말이다.

What에는 (1)『무엇』이라는 뜻과 (2)『무슨, 어떤』이라는 뜻이 있다.

(a) 너는 무엇 을 원하느냐?
(b) 너는 무슨 꽃을 원하느냐? } 의 비교

| (a)= | What | do you want? |
| (b)= | What flower | do you want? |

What color	is your hat ?	너의 모자는 무슨 색이냐?
What paper	do you take ?	너는 무슨 신문을 보느냐 (구독하냐)?
What size	is your hat?	너의 모자는 무슨 (=몇) 사이즈냐?
What good	is it ?	그것은 무슨 좋은 점이 있느냐?
What season	do you like best?	너는 무슨 계절을 제일 좋아하느냐?
What time	do you have ?	지금 몇 시입니까?
What day	is this ?	오늘은 무슨 요일입니까?
What fruit	do you like best ?	너는 무슨 과일을 제일 좋아하니?

* size 크기, 칫수   * good 선, 미점, 이익   * season 계절
* best 가장 잘, 최고로, 가장 좋은

• What flower = What kind of flower
• What fruit = What kind of fruit

연·습·문·제 42

다음의 우리말을 영어로 말하시오.

(1) 이 차는 나의 것입니다.
(2) 이것은 나의 차입니다.
(3) 이 차는 톰의 것입니까?
(4) 이것은 톰의 차입니까?
(5) 이 차는 누구의 것입니까?
(6) 이것은 누구의 차입니까?
(7) 어느 것이 제인의 가방이냐?
(8) 어느 가방이 제인의 것이냐?
(9) 어느 것이 제인의 가방이냐, 이 빨간 가방이냐, 혹은 저 검은 가방이냐?
(10) 이 빨간 가방이 제인의 것이다.

(11) 톰이 제인을 도와준다.
(12) 누가 톰을 도와주느냐?
(13) 어느 선생이 톰을 도와주느냐?
(14) 그는 사과를 좋아한다.
(15) 그는 사과를 좋아합니까?
(16) 그는 무슨 과일을 좋아합니까?
(17) 그는 어느 과일을 원합니까, 사과입니까, 아니면 배(pear)입니까?

(18) 너의 취미(hobby)는 무엇이냐?
(19) 누가 너를 가르치느냐?
(20) 어느 선생님이 너를 가르치느냐?
(21) 어느 선생님이 너를 가르치느냐, 김 선생(Mr. Kim)이냐, 아니면 박 선생(Mr. Park)이냐?
(22) 너의 신발(shoes)은 몇 사이즈냐?
(23) 너는 무슨 과일(fruit)을 좋아하냐?
(24) 너의 드레스(dress)는 무슨 색이냐?

how + 형용사   04

이제 배울 문장은 143, 144 쪽에서 배운 문장의 연속입니다.

(12-ㄱ) 너는 10살이냐?
(12-ㄴ) 너는 몇 살이냐? } 의 비교

(12-ㄱ)=   Are you   ten years old   ?
(12-ㄴ)= How old   are you   ?

※ 영문 (12-ㄱ)에서 숫자 + 단위, 즉, ten + years를 how로 고친다.
그러면 『how + old』가 되고 how old를 문장의 맨 앞에 놓으면 된다.

(12-ㄴ)과 동일한 형태의 문장을 모아 놓았으니 잘 익혀두기 바란다.
(뜻은 다음 쪽에 있음)

	how + 형용사		주어	숫자	단위	형용사	
(13-ㄱ)		Is	the tree	thirty	meters	high	?
(14-ㄱ)		Is	the lake	200	feet	deep	?
(15-ㄱ)		Is	Jong-ro	150	feet	wide	?
(16-ㄱ)		Is	the Nile	4,037	miles	long	?
(17-ㄱ)		Is	Tom	six	feet	tall	?
(18-ㄱ)		Is	the wall	ten	inches	thick	?
(19-ㄱ)		Is	the station	ten	miles	(away)	?

	how + 형용사		주어	숫자	단위	형용사	
(13-ㄴ)	How high	is	the tree				?
(14-ㄴ)	How deep	is	the lake				?
(15-ㄴ)	How wide	is	Jong-ro	숫자와 단위를 how로 바꾼다		how와 함께 문장의 맨 앞으로 옮겨감	?
(16-ㄴ)	How long	is	the Nile				?
(17-ㄴ)	How tall	is	Tom				?
(18-ㄴ)	How thick	is	the wall				?
(19-ㄴ)	How far	is	the station				?

※ 영문 (19-ㄴ)을 "How away is the station?"이라고 하면 안된다.

(13-ㄱ)= 그 나무는 높이가 30미터입니까?
(13-ㄴ)= 그 나무의 높이는 얼마입니까? (그 나무는 얼마나 높습니까?)

(14-ㄱ)= 그 호수는 깊이가 200피트입니까?
(14-ㄴ)= 그 호수의 깊이는 얼마입니까? (그 호수는 얼마나 깊습니까?)

(15-ㄱ)= 종로의 너비는 150피트입니까?
(15-ㄴ)= 종로의 너비는 얼마입니까? (종로는 얼마나 넓습니까?)

(16-ㄱ)= 나일강은 길이가 4037마일입니까?
(16-ㄴ)= 나일강의 길이는 얼마입니까? (나일강은 얼마나 깁니까?)

(17-ㄱ)= 톰의 키는 6피트입니까?
(17-ㄴ)= 톰의 키는 얼마입니까? (톰은 키가 얼마나 큽니까?)

(18-ㄱ)= 그 벽(성벽)의 두께는 10인치입니까?
(18-ㄴ)= 그 벽(성벽)의 두께는 얼마입니까? (그 벽은 얼마나 두껍습니까?)

(19-ㄱ)= 그 정거장까지는 10마일입니까?
(19-ㄴ)= 그 정거장까지의 거리는 얼마입니까? (얼마나 멀리 있습니까?)

격 언

"Practice makes perfect"

연습하면 완벽해진다.

* practice [præktis] 연습, 실습, 훈련   * make [meik] 만들다, ~한 상태가 되다
* perfect [pə́:fikt] 완전한, 더 할 나위 없는, 완벽한 / a perfect wife 완벽한 아내,
  a perfect fool 진짜 바보, a perfect copy 진짜와 똑같은 복사(물)

(20-ㄱ) 그 산은 얼마나 높습니까?
(20-ㄴ) 그 산은 얼마나 아름답습니까? } 의 비교

| (20-ㄱ)= | How high | is the mountain? |
| (20-ㄴ)= | How beautiful | is the mountain? |

(20-ㄱ)에 대해서는 아래와 같이 2가지 형식으로 대답할 수 있다.

 (1) It is 숫자 + 단위 + high ☞ 143쪽 (23-ㄷ)
 (2) It is as high as Mt. Jiri. <그것은 지리산만큼 높다> (이것은 나중에 배움)

※ (20-ㄴ)에 대해서는 (1)의 형식으로는 대답할 수 없다.

아래의 문장은 (2-ㄴ)과 동일한 형식의 문장이다.

	how + 형용사	be동사 + 주어	
(21-ㄱ)	How kind	is Jane?	제인은 얼마나 친절합니까?
(21-ㄴ)	How brave	are the soldiers?	그 병사들은 얼마나 용감합니까?
(21-ㄷ)	How rich	is the king?	그 임금님은 얼마나 부자입니까?
(21-ㄹ)	How wise	is the scientist?	그 과학자는 얼마나 현명합니까?
(21-ㅁ)	How important	is this book?	이 책은 얼마나 중요합니까?
(21-ㅂ)	How tired	are you?	너는 얼마나 피곤하니?
(21-ㅅ)	How heavy	is this pig?	이 돼지는 얼마나 무겁니?

* soldier [sóuldʒə] 군인　　* scientist [sáiəntist] 과학자
* important [impɔ́:tənt] 중요한　　* pig 돼지　　* heavy [hévi] 무거운
* weight [weit] 무게

• (21-ㅅ)= What is the weight of this pig? <이 돼지의 무게는 얼마입니까?>

『how + 부사 + do(es) + 주어 + 동사』로 이루어지는 문장도 있다.

(21-ㄱ) 그이는   빨리 달립니다. (☞35쪽)
(22-ㄴ) 그이는   빨리 달립니까? (☞ 62쪽) } 의 비교
(22-ㄷ) 그이는 얼마나 빨리 달립니까?

(22-ㄱ)=		He runs	fast	.
(22-ㄴ)=		Does he run	fast	?
(22-ㄷ)=	How fast	does he run		?

아래의 문장은 (22-ㄷ)과 동일한 형태의 문장이다.

	How	부사		주어	동사	목적어
(23-ㄱ)	How	hard	do	you	study	English?
(23-ㄴ)	How	beautifully	does	Jane	dance	?
(23-ㄷ)	How	well	does	Mr. Kim	speak	English?
(23-ㄹ)	How	often	do	you	visit	your parents?

(23-ㄱ)= 너는 얼마나 열심히 영어를 공부하느냐?

(23-ㄴ)= 제인은 얼마나 아름답게 춤을 추느냐?

(23-ㄷ)= 김씨는 영어를 얼마나 잘 (말)합니까?

(23-ㄹ)= 당신은 부모님을 얼마나 자주 방문합니까?

감탄문 (感歎文) 05

(24-ㄱ) 그 건물은 얼마나 높은가요? (☞ 162쪽)
(24-ㄴ) 와! 그 건물 되게 높다! } 의 비교

(24-ㄱ)을 영어로 말할 수 있으면 (24-ㄴ)을 영어로 말하기는 식은 죽 먹기다.

(24-ㄱ)= How tall **is** the building **?**
(24-ㄴ)= How tall   the building **is!**

다음 문장이 변화되는 모습을 살펴보자.

평서문			The building	is	very	tall.
평서문			The building	is	300 feet	tall.
의문문		Is	the building		300 feet	tall?
의문문	How tall	is	the building			?
감탄문	How tall		the building	is		!

앞에서 말한 것과 다른 방법으로 감탄문을 익힐 수 있다.

(25-ㄱ) 그녀는   매우 아름답다.
(25-ㄴ) 와! 그녀는 무지무지하게 아름답다. } 의 비교

(25-ㄱ)=   She is   very beautiful .
(25-ㄴ)= How beautiful she is   !

이 방법이 더 쉽지요?

(25-ㄴ)과 동일한 감탄문들

	형용사	주어	is, are	뜻
How	clever	the dog	is!	와, 그 개 끝내주게 영리하네!
How	funny	you	are!	와, 너 진짜 웃긴다!
How	hot	it	is!	와, 날씨 되게 덥다!
How	fast	the train	is!	와, 그 기차 되게 빠르군!
How	cruel	he	is!	와, 그 사람 너무 잔인하군!
How	foolish	you	are!	와, 너 형편없이 어리석구나!

be동사(is, am, are)가 없는 감탄문

(26-ㄱ) 수잔은   매우 열심히 공부한다.   ⎫
(26-ㄴ) 와! 수잔은 무지무지하게 열심히 공부한다. ⎬ 의 비교
                                              ⎭

(26-ㄱ)=   Susan studies   very hard   .
(26-ㄴ)= How hard Susan studies   !

• (26-ㄱ)은 Lesson 2에서 배운 문장이다.

(27-ㄱ) 너는   매우 빨리 달리는구나. ⎫
(27-ㄴ) 와! 너는 무지무지하게 빨리 달리는구나. ⎭ 의 비교

	How + 부사	주어	동사	부사
(27-ㄱ)=		You	run	very fast .
(27-ㄴ)=	How fast	you	run	!

What을 사용하는 감탄문이 있다. ㉠의 감탄문과 ㉡의 감탄문을 눈여겨보아라.

		형용사	명사	
㉠	그녀는	예쁘다.		How를 이용하여 감탄문을 만든다.
㉡	그녀는	예쁜	소녀다.	what를 이용하여 감탄문을 만든다.

㉠=   she is pretty .

㉠ 의 감탄문   How pretty she is   ! 와, 그녀 되게 예쁘다.

• 착안점 : 형용사인 **pretty** 뒤에 명사가 없다.

㉡=   She is a pretty girl .

㉡ 의 감탄문   What a pretty girl she is   ! 와, 그녀 되게 예쁜 소녀다.

• 착안점 : 형용사인 **pretty** 뒤에 명사인 **girl**이 있다.

㉠의 감탄문과 ㉡의 감탄문을 나란히 써 놓으면 그 차이가 분명하게 보인다.

	how, what	a	형용사	명사	주어	동사	!
㉠의 감탄문	How		pretty		she	is	!
㉡의 감탄문	What	a	pretty	girl	she	is	!

(A)에 속하는 것에는 **how**를 사용하고 (B)에 속하는 것에는 **what**을 사용한다.

(A) 주어 + is + 형용사	~은 행복하다 ~은 영리하다 ~은 멍청하다 ~은 가난하다	~은 길다 ~은 예쁘다 ~은 높다 ~은 넓다
(B) 주어 + is + 형용사 + 명사	~은 행복한 소녀다 ~은 영리한 개다 ~은 멍청한 농부다 ~은 가난한 나라다	~은 긴 강이다 ~은 예쁜 소녀다 ~은 높은 빌딩이다 ~은 넓은 거리다

실제로 예를 들면 아래와 같다.

	주어	형용사	명사	
(28-ㄱ)	그녀는	영리하다.		She is clever.
(28-ㄴ)	그녀는	영리한	소녀다.	She is a clever girl.
(29-ㄱ)	이 책은	재미있다.		This book is interesting.
(29-ㄴ)	이것은	재미있는	책이다.	This is an interesting book.

(28-ㄱ)=　　　　　　　　She is　clever　　　．

감탄문　**How clever**　she is　　　　　　！

(28-ㄴ)=　　　　　　　　She is　a clever girl　．

감탄문　**What a clever girl**　she is　！

(29-ㄱ)= This book is interesting.
감탄문 How interesting this book is!

(29-ㄴ)= This is an interesting book.
감탄문 What an interesting book this is!

아래 문장에서 ㉢에는 명사가 없고 ㉣에는 **teacher**라는 명사가 있다는 점에 유의할 것

	평서문	
㉢	그녀는 매우 잘 가르친다.	He teaches very well.
㉣	그녀는 매우 유능한 선생이다.	He is a very able teacher.

㉢= She teaches very well.
감탄문 How well she teaches!

- 이 문장은 잘 가르치는 행위에 감탄하는 문장이다.

㉣= She is a very able teacher.
감탄문 What an able teacher she is!

- 이 문장은 유능한 교사라는 점에 감탄하는 문장이다.

여러 가지 예문을 보자.

(30-ㄱ) 그녀는 매우 큰 집에서 살고 있다. } 의 비교
(30-ㄴ) 와! 그녀는 되게 큰 집에서 살고 있네.

| (30-ㄱ)= | | She lives in | a very large house | . |
| (30-ㄴ)= | What a large house | she lives in | | ! |

(31-ㄱ) 너는   좋은 기억력을 가지고 있다. } 의 비교
(31-ㄴ) 와! 너 참 되게 좋은 기억력을 가지고 있구나.

| (31-ㄱ)= | | You have | a good memory | . |
| (31-ㄴ)= | What a good memory | you have | | ! |

(32-ㄱ) 와! 그녀 되게 검소하게 사네. ('검소하게'에 대하여 감탄)
(32-ㄴ) 와! 그녀 되게 검소한 생활을 하네. ('검소한 생활'에 대하여 감탄)

| (32-ㄱ)= | How simply | she lives | ! |
| (32-ㄴ)= | What a simple life | she lives | ! |

* simply [símpli] 검소하게   * simple 검소한   * life [laif] 생활, 생명, 목숨
* live a simple life 검소한 생활을 하다 = 검소하게 살다.

live a simple life와 유사한 표현
  • live a happy life <행복하게 살다>
  • dream a strange dream <이상한 꿈을 꾸다>

what을 이용한 감탄문들

		형용사	명사	주어	동사		뜻
What	a		car			!	야, 멋진 차다.
What	a	smart	car			!	야, 멋진 차다.
What	a	smart	car	this	is	!	야, 이것 멋진 차다.
What	a	smart	car	that	is	!	야, 저것 멋진 차다.
What	a	smart	car	you	are	!	야, 너 멋진 차야. (동화에서)
What	a	smart	car	you	have	!	야, 너 멋진 차 가지고 있네.
What		smart	cars	you	have	!	와, 너 멋진 차들 가지고 있네.
What		smart	cars	you	sell	!	와, 너 멋진 차 파는구나.
What	a	smart	car	Tom	has	!	와, 톰 멋진 차 가지고 있네.
What	a	smart	car	you	gave	her!	와, 너 그녀에게 멋진 차 선물했네.
What		smart	cars	they	make	!	와, 그들 참 멋진 차 생산하네.

예문 추가 (※ 붉은 글자는 주어임)   * queer [kwiər] 이상한   * cute [kju:t] 멋진

What	a		guy			!	와, 대단한 녀석이다.
What	a	queer	guy			!	와, 괴짜다.
What	a	queer	guy	he	is	!	와, 그 녀석 괴짜다.
What	a	queer	guy	you	love	!	와, 너 괴짜 사랑하는구나.
What	a	queer	guy		loves	you!	와, 괴짜가 너를 사랑하는구나.
What	a	good	friend	you	have	!	와, 너 진짜 좋은 친구 있구나.
What		cute	boys	you	teach	!	와, 당신 멋진 녀석들 가르치네요.

연·습·문·제 43

다음의 문장을 감탄문으로 전환하시오.
별표(☆)가 있는 것은 how를 사용하고 나머지는 what를 사용함

(1)	You speak very well.	너는 말을 잘 하는구나.	☆
(2)	You are a good speaker.	너는 훌륭한 연사다.	
(3)	Yale Kim is very kind.		☆
(4)	Yale Kim is a kind girl.		
(5)	Tom is very brave.		☆
(6)	Tom is a brave boy.		
(7)	Jane is very beautiful.		☆
(8)	Jane is a very beautiful girl.		
(9)	This train runs very fast.	이 기차는 빨리 달린다.	☆
(10)	This is a fast train.		
(11)	Your computer is very wonderful.	너의 컴퓨터 멋지다.	☆
(12)	You have a wonderful computer.		
(13)	She dances very well.		☆
(14)	She is a good dancer.	그녀는 좋은 무용가다.	
(15)	They are fools.	그들은 바보다.	
(16)	This is a lucky day for me.	오늘은 재수 좋은 날이다.	
(17)	You have a good car.		
(18)	Tom plays the piano very well.	톰은 피아노를 잘 친다.	☆

* speak 말하다 * speaker 말하는 사람, 연사 * computer 컴퓨터
* wonderful 놀라운, 훌륭한 * dance 춤추다 * dancer 무용가, 댄서
* fool 바보 * lucky 운 좋은

연·습·문·제 44

다음의 우리말을 영어로 말하시오.

(1-a) 톰은 키가 크다.
(1-b) 톰은 키가 5피트 8인치다.
(1-c) 톰은 키가 5피트 8인치입니까?
(1-d) 톰의 키는 얼마입니까?
(1-e) 와! 톰 키가 무지무지하게 크군.

(2-a) 이 거리는 매우 넓다.
(2-b) 이 거리는 너비가 70미터이다.
(2-c) 이 거리는 너비가 70미터입니까?
(2-d) 이 거리는 너비가 얼마입니까?
(2-e) 와! 이 거리 무지무지하게 넓다.

(3-a) 그 시인(poet)은 나이가 매우 많다.
(3-b) 그 시인은 90세입니다.
(3-c) 그 시인은 90세입니까?
(3-d) 그 시인은 몇 살입니까?
(3-e) 와! 그 시인 되게 고령이구나. (되게 늙었구나)
(3-f) 와, 그이 참 나이 많은 시인이군.

(4-a) 그이의 집은 이곳으로부터 멀다. (far away 또는 a long way)
(4-b) 그이의 집은 이곳으로부터 2마일 떨어져 있다.
(4-c) 그이의 집은 이곳에서부터 2마일 떨어져 있냐?
(4-d) 그이의 집은 이곳으로부터 얼마나 멀리 떨어져 있습니까?

(5-a) 이 호수는 깊이가 100미터입니다.
(5-b) 이 호수는 깊이가 100미터입니까?
(5-c) 이 호수는 깊이가 얼마입니까?
(5-d) 와! 이 호수 무지무지하게 깊구나. (how가 필요)

(6-a) 그녀는 매우 예쁘다.
(6-b) 그녀는 매우 예쁜 무용가이다.　　* dancer 무희, 무용가
(6-c) 와! 그녀 무지무지하게 예쁘다. (how가 필요)
(6-d) 와! 그녀 무지무지하게 예쁜 무용가다. (what이 필요)
(6-e) 그 무용가는 얼마나 예쁩니까?

(7-a) 그 꿈(dream)은 매우 이상하다.　　* strange 이상한
(7-b) 그것은 매우 이상한 꿈이다.
(7-c) 와! 그 꿈 무지무지하게 이상하네.
(7-d) 와! 그것 무지무지하게 이상한 꿈이군.

(8-a) 그것은 매우 좋은 기회(chance)다.
(8-b) 와! 그것 무지무지하게 좋은 기회다.

(9-a) 그 건물은 매우 높다
(9-b) 그 건물은 높이가 200미터입니다.
(9-c) 그 건물은 높이가 얼마입니까?
(9-d) 와! 그 건물 되게 높네. (how가 필요)
(9-e) 그것은 높은 건물이다.
(9-f) 와! 그것 되게 높은 건물이네. (what이 필요)

(10-a) 그 버스는 빠르다.
(10-b) 그 버스는 얼마나 빠릅니까?
(10-c) 와! 그 버스 되게 빠르네.
(10-d) 그 버스는 빨리 달린다.
(10-e) 그 버스는 얼마나 빨리 달립니까?
(10-f) 그것은 빠른 버스다.
(10-g) 와! 그것 되게 빠른 버스로군.

(11-a) 그녀는 행복하게 산다.　　* happily 행복하게
(11-b) 그녀는 행복하게 삽니까?
(11-c) 그녀는 행복한 생활을 한다.　　* live a happy life 행복한 생활을 하다
(11-d) 와! 그녀 무지무지하게 행복하게 사는군. (how가 필요)
(11-e) 와! 그녀 무지무지하게 행복한 생활을 하는군. (what이 필요)

(12-a) 수잔은 열심히 공부합니까?
(12-b) 수잔은 얼마나 열심히 공부합니까?
(12-c) 와! 수잔은 무지무지하게 열심히 공부한다.
(13-a) 그이는 조심스러운 운전사이다.
(13-b) 와! 그이 되게 조심성 있는 운전사다.
(13-c) 그이는 조심스럽게 운전한다.
(13-d) 와! 그이 되게 조심조심 운전하네.

(14-a) 그 비행기(airplane)는 빠르다.

(14-b) 그 비행기는 어느 정도 빠릅니까?

(14-c) 와! 그 비행기 되게 빠르네.

(14-d) 그 비행기는 빠르게 난다.   * fly 날다

(14-e) 그 비행기는 얼마나 빠르게 납니까?

(14-f) 와! 그 비행기 되게 빠르게 나네. (how를 이용함)

(14-g) 그것은 빠른 비행기다.

(14-h) 와! 그것 되게 빠른 비행기다. (what을 이용함)

(15-a) 그 선생님은 매우 잘 가르친다.

(15-b) 와! 그 선생 되게 잘 가르친다. (how를 이용함)

(15-c) 그이는 좋은 선생이다.

(15-d) 와! 그이 되게 좋은 선생이다. (what을 이용함)

누가 유리할까?

두 명의 악인이 지옥에 떨어졌다. 염라대왕의 사신이 그들에게 말했다. "우선 너희들은 적성 검사를 받아야 한다. 너희들의 바로 앞에는 두 개의 구덩이가 있는데 하나의 구덩이에는 꿀이 가득 차 있고 또 하나의 구덩이에는 똥이 가득 차 있다. 너희들은 구덩이 언저리에서 레슬링을 하여 이긴 자가 들어갈 구덩이를 먼저 선택하기로 한다" 그래서 두 악인은 사투한 끝에 승자가 결정되었다. 승자는 꿀이 있는 구덩이를 선택하고 패자는 똥구덩이에 들어갔다. 사신은 킬킬 웃으면서 물러갔다. 두 시간 후에 다시 나타난 사신은 이렇게 말했다. "자, 이제부터 너희들은 서로의 몸을 핥으면서 영겁을 보내야 한다"

※ 적성검사 = 무엇에 소질이 많이 있는가를 알아보는 검사   ※ 영겁 = 영원

be를 사용하는 명령문(命令文)　　06

(33) 제인은 친절한 간호사이다.
(34) 제인아, 친절한 간호사가 되어라. } 의 비교

| (33) = | Jane | is | a kind nurse. | 제인은 친절한 간호사이다. |
| (34) = | Jane, | be | a kind nurse. | 제인아, 친절한 간호사가 되어라. |

- (34)에서 Jane을 버리면 <친절한 간호사가 되어라>이다.
- be는 is, am, are의 원형이다. 명령문은 원형으로 시작한다. ☞ 108

이와 같은 명령문에서 be의 뜻은 〈~이 되어라, ~해라〉이다.

be	형용사	명사	뜻
Be	honest.		정직해라. (정직한 사람이 되어라, 정직하게 살아라.)
Be	good.		착해져라. (착한 사람이 되어라, 착하게 살아라)
Be	hard.		강하게 대하세요. (물렁하게 나가지 마세요)
Be	polite.		공손해라. (공손하게 대하라, 공손하게 처신하라)
Be	a brave	soldier.	용감한 군인이 되어라.
Be	a wise	judge.	슬기로운 법관이 되시오.
Be	a wise	king.	슬기로운 왕이 되시오.
Be	a good	teacher.	좋은 교사가 되어라.
Be	a great	doctor.	명의(위대한 의사)가 되어라.

* polite [pəláit] 공손한　　* judge [dʒʌdʒ] 법관, 판사　　* great [greit] 위대한

be와 빈도부사(頻度副詞)　　07

빈도부사에 대해서는 이미 105쪽에서 배웠다. is, are, am이 있는 문장에서는 빈도부사를 is, are, am의 뒤에 사용한다.

	주어	be	빈도부사	늦은	뜻	
(35-ㄱ)	He	is	always	late.	그는 항상 지각한다.	100%
(35-ㄴ)	He	is	usually	late.	그는 일반적으로 지각한다.	80%
(35-ㄷ)	He	is	often	late.	그는 자주 지각한다.	60%
(35-ㄹ)	He	is	sometimes	late.	그는 이따금 지각한다.	40%
(35-ㅁ)	He	is	seldom	late.	그는 지각하는 일이 드물다.	20%
(35-ㅂ)	He	is	never	late.	그는 절대로 지각하지 않는다.	0%

is, are, am 대신에 feel [fiːl]을 사용할 수 있다.　* feel 느끼다, ~한 느낌이 들다

(36-ㄱ)	I	am	tired.	나는 피곤하다.
(36-ㄴ)	I	feel	tired.	나는 피곤하다. (피곤한 느낌이 든다)
(37-ㄱ)	The air	is	cold.	공기가 차갑다.
(37-ㄴ)	The air	feels	cold.	공기가 차갑다. (차갑게 느껴진다)
(38-ㄱ)	I	am	sick.	나 몸이 아파요.
(38-ㄴ)	I	feel	sick.	나는 몸살이 난 느낌이다.

(39-ㄱ)	I	am	happy.	나는 행복하다.
(39-ㄴ)	I	feel	happy.	나는 행복하다. (행복한 기분이다)
(40-ㄱ)	I	am	hungry.	나 배고파요.
(40-ㄴ)	I	feel	hungry.	나 배고파요. (나 배고픈 느낌이어요)

be동사 (is, are, am) 대신에 get을 사용하면 사태의 발단(發端), 진전(進展), 시발(始發) 등을 나타낸다. 이 경우 get 대신에 become을 써도 뜻에는 변화가 없다.

is	cold	춥다
get	cold	추워지다
is	tired	피곤하다
get	tired	피곤해지다
is	wet	젖어있다
get	wet	젖게되다

is	old	늙었다
get	old	늙어지다
is	angry	화가나있다
get	angry	화를 내다
is	free	자유롭다
get	free	자유롭게 되다

빈도부사의 위치가 달라진다.   * get ~게 되다

(41-ㄱ)	She		is	seldom	sick.	그녀는 몸이 아플 때가 거의 없다.
(41-ㄴ)	She	seldom	gets		sick.	그녀는 발병하는 일이 거의 없다.

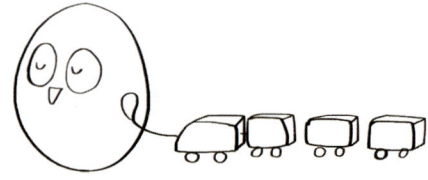

(42-ㄱ) He　　is　　often　drunk.　그는 자주 취해 있다. (상태)
(42-ㄴ) He　often　gets　　drunk.　그는 자주(빈번히) 취한다.

* drunk [drʌŋk] (술에) 취한　　* get wet 젖다　　* get sad 슬퍼지다
* get nervous 초조해지다, 불안해지다　* get hurt 다치다　* get better 호전되다
* get worse [wɔ:rs] 악화되다

get은 매우 중요한 동사이다.
get을 사용한 문장을 3개 알아 두자.

He	will	get better	before long.	그는 머지않아 호전될 것이다.
	~될 것이다	호전되다	머지않아	

The patient	got worse	this morning.	그 환자는 오늘 아침 상태가 악화되었다.
그 환자	악화되었다	오늘 아침	

The patient	will	get well	before long.	그 환자는 곧 건강해질 것이다.
그 환자는	~할 것이다	건강해지다	곧	

*well 건강한　　* patient [péiʃənt] ① 환자　② 참을성이 강한

will	보기	will	go	갈 것이다
~ 할 것이다		will	help	도와줄 것이다

be + 형용사 + of 08

아래에 있는 『be + 형용사 + of』를 외우세요.

	be동사	형용사	전치사	뜻
(1)	is (are, am)	fond	of~	~를 좋아하다 * like 좋아하다
(2)	is (are, am)	afraid	of~	~를 두려워하다
(3)	is (are, am)	ashamed	of~	~를 부끄러워하다 (~이 창피하다)
(4)	is (are, am)	proud	of~	~를 자랑으로 여기다
(5)	is (are, am)	sure	of~	~를 확신하다
(6)	is (are, am)	aware	of~	~를 알고 있다
(7)	is (are, am)	tired	of~	~에 싫증나다, ~를 지겨워하다
(8)	is (are, am)	sick	of~	~에 싫증나다, ~를 지겨워하다
(9)	is (are, am)	interested	in~	~에 흥미가 있다, ~에 재미를 느끼다
(10)	is (are, am)	able	to~	~할 수 있다

예문은 아래와 같다. 이 문장의 뜻은 다음 쪽에 있다.

(1)	I	am	fond	of	music.
(2)	She	is	afraid	of	snakes.
(3)	She	is	ashamed	of	her poverty. * [pávərti] 가난
(4)	He	is	proud	of	his mother.
(5)	I	am	sure	of	his success. * [səksés] 성공
(6)	I	am	aware	of	the danger. * [déindʒər] 위험
(7)	I	am	tired	of	coffee.
(8)	I	am	sick	of	your excuses. * [ikskjúːs] 변명
(9)	She	is	interested	in	history.
(10)	I	am	able	to	play the piano.

(1)= 나는 음악을 좋아한다.
(2)= 그녀는 뱀을 무서워한다.
(3)= 그녀는 자기가 가난한 것을 창피하다고 생각하고 있다.
(4)= 그는 자기의 어머니를 자랑스럽게 생각한다.
(5)= 나는 그이의 성공을 확신한다.
(6)= 나는 그 위험을 알고 있다.
(7)= 나는 커피가 지겹다.
(8)= 나는 너의 변명이 신물 난다.
(9)= 그녀는 역사에 흥미를 가지고 있다.
(10)= 나는 피아노를 칠 수 있다.   * be able to + 동사 = ~할 수 있다.

말은 마음을 들여다보는 거울이다.

언어는 크게 보면 그 언어를 사용하는 민족의 내면을 들여다보는 거울이고 작게 보면 개인의 인격을 들여다보는 거울이다. 예를 들면 남녀노소를 영어로는 man and woman, young and old (남녀소노)라고 말한다. 우리 민족은 남자를 여자보다 우대하고 어른을 아이들보다 우대한다는 전통사상을 나타내 주는 표현이다. 그러나 영국인은 어른보다는 아이들을 우대한다. 아래의 어순은 우리 민족과 앵글로색슨 족이 어느 쪽에 우선권을 주느냐를 짐작하게 해주는 표현들이다.

* 좌우   right and left 〈右左〉   * 빈부   rich and poor 〈富貧〉
* 남북   north and south 〈北南〉
* 앞뒤로 움직인다 move back and forth 〈뒤앞으로 움직인다〉

『앞뒤로 움직인다』를 따져보면 먼저 앞으로 나아갔다가 뒤로 물러선 상태에서 행동이 끝나고 있음을 암시하고 있다. 그러나『뒤앞으로 움직인다』는 어떤가? 일단 불리하면 뒤로 물러섰다가 앞으로 전진한 상태에서 행동이 끝나고 있음을 암시하지 않는가? 앵글로색슨 족의 진취적이고 모험적인 면을 엿볼 수 있는 말이다.
또 대다수의 동양인이 사용하는 글자 一, 二, 三을 로마사람들은 I, II, III으로 나타내고 있다. 一, 二, 三을 세워놓으면 I, II, III이 된다. 一, 二, 三은 누워 있는 글자요 I, II, III은 서서 활동하는 글자다. 글자 자체의 차이는 사소하지만 이러한 글자를 만들어내는 민족의 정신은 역사를 전혀 다른 방향으로 창조하는 것 같다.
그래서 한(漢)민족은 그 거대한 영토와 인구에도 불구하고 손바닥 만한 영국을 당해내지 못했고 로마와 영국은 한때 세계를 지배했던 것이 아닐까?

연·습·문·제 45

다음의 우리말을 영어로 말하시오.

(1-a) 영선 (Young-sun)이는 자기의 학교를 자랑스럽게 생각한다.
(1-b) 영선아, 너의 학교를 자랑스럽게 생각해라.

(2-a) 너는 친절하다.
(2-b) 친절해라.

(3-a) 나의 어머니는 바쁘다.
(3-b) 나의 어머니는 항상 바쁘다.

(4-a) 나는 피곤하다.
(4-b) 너 피곤하냐? (※ do를 사용하면 안 된다.)

(5-a) 나 피곤한 느낌이 드네요. (※ am을 사용하면 안 된다.)
(5-b) 너 피곤한 느낌이 드느냐? (※ do를 사용해야 한다.)

(6-a) 나는 가끔 피곤해진다. (※ am을 사용하면 안 된다.)
(6-b) 너 가끔 피곤해지냐? (※ do를 사용해야 한다.)

(7-a) 그는 항상 자신감에 차 있다.   * be sure of himself 그 스스로 자신감을 가지다
(7-b) 톰아, 항상 자신감을 가져라.

(8-a) 그녀는 몸이 아프다. (편치 않다, 병환중이다.)
(8-b) 그녀는 가끔 병난다. (※ is 대신에 **gets** 또는 **falls**를 사용해야 한다.)

(9-a) 나는 음악을 좋아한다. (2가지로)
(9-b) 너는 음악을 좋아하느냐? (2가지로)

(10-a) 반재인(Jae-in Barn)은 영어에 흥미가 있다.
(10-b) 너는 역사에 흥미가 있냐?

(11-a) 사람들(people)은 전쟁(war)에 신물이 나있다. (2가지로)
(11-b) 뱀은 사람(man)을 무서워한다.
(11-c) 나는 그녀의 성공을 확신한다. (나는 그녀가 성공하리라는 것을 굳게 믿는다.)
(11-d) 나는 영어를 말할 수 있다.
(11-e) 나는 네가 불성실해서 창피하다.   * dishonesty [disánisti] 부정직, 불성실

(12-a) 와, 너 정말 멍청하다.   * foolish 멍청한, 어리석은
(12-b) 와, 너 형편 없는 멍텅구리다.   * jerk 멍텅구리, 쪼다, 바보

(13-a) 와, 이 차 참 멋있다.   * fine, smart, stylish
(13-b) 와, 이것 참 멋진 차다.
(13-c) 와, 너 진짜 멋진 차 가지고 있구나.

(14-a) 와, 대단한 책이다.
(14-b) 와, 이것은 훌륭한 책이군!   * wonderful 신기한, 훌륭한
(14-c) 와, 이 책 굉장히 훌륭하군.
(14-d) 와, 너 정말 훌륭한 책 읽었구나.

연·습·문·제 46

_____ 친 말이 적절한 자리에 있지 **않은 것**은 어느 것인가?

(1)	(a)	We <u>often</u> meet him.	• often, very often, quite often등은 문장의 앞이나 뒤에 사용할 수 있다.
	(b)	We meet him <u>very often</u>.	
	(c)	<u>(Very) Often</u> we meet him.	
	(d)	We meet <u>often</u> him.	

(2)	(a)	<u>Usually</u> we finish work at five.	• usually는 문장의 앞이나, 문장의 뒤에 사용할 수 있다. * finish 끝내다 * have dinner 저녁식사를 하다
	(b)	We finish <u>usually</u> work at five.	
	(c)	I <u>usually</u> go to church on Sunday.	
	(d)	She has dinner at six <u>usually</u>.	

(3)	(a)	He <u>always</u> is late.	* sick 아픈, 병든, 메스꺼운 * leave [li:v] 떠나다 * truth [truθ] 진리, 진실 * polite [pəláit] 예의 바른
	(b)	She <u>always</u> leaves at five.	
	(c)	<u>Always</u> tell the truth.	
	(d)	<u>Always</u> be polite.	

(4)	(a)	She <u>never</u> is late.	
	(b)	I am <u>never</u> happy with him.	* with him 그이와 함께라면
	(c)	I <u>never</u> eat meat.	* meat [mi:t] 고기
	(d)	I <u>seldom</u> go to the movies.	* movie [mú:vi] 영화관

* tell 말하다   보기) tell the truth 진실을 말하다, tell a lie 거짓말 하다

연·습·문·제 47

다음의 우리말을 영어로 말하시오. (배운 것 전체연습)

(1-a) 톰은 제인을 도와준다.
(1-b) 톰은 제인을 도와줍니까?
(1-c) 톰은 누구를 도와줍니까?
(1-d) 누가 제인을 도와줍니까?
(1-e) 톰은 왜 제인을 도와줍니까?
(1-f) 톰은 왜 제인을 도와주지 않습니까?

(2-a) 그이는 세 아들을 가지고 있다. (그에게는 아들이 셋 있다)
(2-b) 그에게는 아들이 몇 명 있습니까?

(3-a) 나의 고모는 시골에서 살고 있다.
(3-b) 너의 고모는 어디에서 살고 있냐?
(3-c) 나의 고모는 도시에서 살고 있지 않다.

(4-a) 나는 내일 나의 고모와 함께 부산에 간다.
(4-b) 너는 내일 누구와 함께 부산에 가느냐?
(4-c) 너는 내일 너의 고모와 함께 어디에 가느냐?
(4-d) 너는 내일 무엇을 타고 부산에 가느냐?

(5-a) 나는 절대로 지각하지 않는다. 그러나 그는 가끔 지각한다.
(5-b) 나는 일반적으로 일찍 일어난다. 나는 항상 일찍 일어나지는 않는다.

(6-a) 그이와 함께 학교에 가라.
(6-b) 그이와 함께 학교에 갑시다.
(6-c) 그이와 함께 학교에 가지 마라.
(6-d) 그이와 함께 학교에 가지 맙시다.

(7-a) 너는 보통 몇 시에 일을 마치느냐?   * finish 마치다, 끝내다
(7-b) 너는 누구를 위하여 그렇게 열심히 일하느냐?   * so hard 그렇게 열심히
(7-c) 너는 왜 그렇게 열심히 일하느냐?
(7-d) 몇 사람이 너와 함께 일하느냐?

(8-a) 나는 일반적으로 비행기를 타면 멀미를 한다.   * in the airplane 비행기를 타면
(8-b) 나는 비행기 안에서 멀미하는 일은 거의 없다.

(9-a) 이 아름다운 꽃을 보아라.
(9-b) 저 재미있는 책을 읽으시오.
(9-c) 그 어려운 책들을 읽지 마라.

(10-a) 그는 그녀에게 친절하다.
(10-b) 그는 그녀에게 친절하지 않다.
(10-c) 그는 그녀에게 친절한 때가 거의 없다.
(10-d) 그는 그녀에게 항상 친절하다.
(10-e) 그녀에게 항상 친절해라.
(10-f) 그는 그녀에게 절대로 친절하지 않다.

(11-a) 그이는 키가 매우 크다.
(11-b) 그이는 키가 6피트 3인치다.
(11-c) 그이는 키가 어느 정도 큽니까?
(11-d) 와! 그이 키 무지무지하게 크다.

(12-a) 그 물은 차다.
(12-b) 그 물은 차가운 느낌이다.
(12-c) 그 물은 차가운 느낌이냐?
(12-d) 그 물은 차가운 느낌이 아니다.
(12-e) 나는 이따금 피곤함을 느낀다.
(12-f) 나는 이따금 피곤해진다.

(13-a) 이것들은 나의 책들이다.
(13-b) 이 책들은 나의 것이다.
(13-c) 와! 이 책들 되게 재미있다.
(13-d) 와! 이것은 되게 재미있는 책이다.

LESSON 9

LESSON 9

There is a cat in my room

단어 외우기 01

철자	발음기호	뜻	철자	발음기호	뜻
sack	[sæk]	마대, 포대	computer	[kəmpjútər]	컴퓨터
by~	[bai]	~의 옆에	orchard	[ɔ́:rtʃərd]	과수원
near~	[niər]	~의 근처에	parking lot	[pá:rkiŋlat]	주차장
zoo	[zu:]	동물원	refrigerator	[rifrídʒəréitər]	냉장고
villa	[vílə]	별장	stove	[stouv]	난로
gate	[geit]	대문, 관문	classroom	[klǽsrú:m]	교실
top	[tap]	정상, 꼭대기	telephone	[téləfòun]	전화(기)
road	[roud]	길	church	[tʃə:rtʃ]	교회
floor	[flɔ:r]	(방, 마루의) 바닥	basket	[bǽskit]	바구니
safe	[seif]	금고	number	[nʌ́mbər]	수, 숫자
great	[greit]	위대한, 큰	middle	[midl]	중앙, 중심부
front	[frɔnt]	앞, 정면	behind~	[biháind]	~의 뒤에
back	[bæk]	뒤, 등	beside~	[bisáid]	~의 옆에
doll	[dɔ:l]	인형	around~	[əráund]	~의 둘레에
roof	[ru:f]	지붕	some	[sʌm]	약간의
dove	[dʌv]	비둘기	few	[fju:]	소수의
beer	[biər]	맥주	little	[litl]	작은, 어린, 귀여운
locust	[lóukəst]	메뚜기	along~	[əlɔ́:ŋ]	(길 따위)를 따라

~에 ~이 있다   02

	③ 어디에 있는가 (장소)	② 무엇이 (존재하는 사물)	① 있다
(a)	그녀의 가방 안에	많은 돈이	있다
(b)	그 산 뒤에	아름다운 마을이	있다
(c)	너의 책상 위에	컴퓨터가	있다.
(d)	그 탁자 밑에	고양이가	있다.

위 문장을 영어로 말하려면 ① ② ③의 순서로 말해야한다.

	① 있다	② 무엇이 (존재하는 사물)	③ 어디에 있는가? (장소)
(a)	있다 (무엇이?)	많은 돈이 (어디에?)	안에 그녀의 가방
(b)	있다 (무엇이?)	아름다운 마을이 (어디에?)	뒤에 그 산
(c)	있다 (무엇이?)	컴퓨터가 (어디에?)	위에 너의 책상
(d)	있다 (무엇이?)	고양이가 (어디에?)	밑에 그 탁자

위의 우리말을 영어로는 다음과 같이 말한다.

	① 있다	② 무엇이? (존재하는 사물)		③ 어디에? (장소)	
(a)=	There is	much	money	in	her bag.
(b)=	There is	a beautiful	village	behind	the hill.
(c)=	There is	a	computer	on	your desk.
(d)=	There is	a	cat	under	the table.

- there [ðɛ́ər]는 『저곳에, 저곳으로, 거기에, 그곳에, 그곳으로』라는 뜻을 가지고 있는데 there is ~라는 문장에서 there에는 위에서 말한 그 뜻이 없다.

* hill [hil] 산 (영국에서는 해발 2,000피트 이하의 산, 인도에서는 해발 5,000피트의 이하의 산)   * under [ʌ́ndər] ~의 밑에   * table [téibl] 탁자, 테이블

주어가 복수이면 「there is~」 대신에 「there are ~」를 사용한다.

	③ 어디에 (부사)	② 무엇이 (주어)	① 있다 (동사)
(1-ㄱ)	그 방안에	한 명의 소년이 (단수)	있다.
(1-ㄴ)	그 방안에	두 명의 소년이 (복수)	있다.

	① 있다 (동사)	② 무엇이 (주어)		③ 어디에 (부사)	
(1-ㄱ)=	There is	a	boy	in	the room.
(1-ㄴ)=	There are	two	boys	in	the room.

• 위의 문형에서 ②의 칸에 있는 말이 복수이면 there are를 사용해야 한다.

예문 하나 더

	③ 어디에 (부사)	② 무엇이 (주어)	① 있다 (동사)
(2-ㄱ)	탁자 밑에	고양이가 한 마리 (단수)	있다.
(2-ㄴ)	탁자 밑에	고양이가 세 마리 (복수)	있다.

	① 있다 (동사)	② 무엇이 (주어)		③ 어디에 (부사)	
(2-ㄱ)=	There is	a	cat (단수)	under	the table.
(2-ㄴ)=	There are	three	cats (복수)	under	the table.

이 문형을 외우세요. (ㄴ)에서는 주어가 복수입니다.

	있다	무엇이 (주어)	어디에 (부사)
(3-ㄱ)	There is	a farmer	in the garden.
(3-ㄴ)	There are	two farmers	in the garden.
(4-ㄱ)	There is	a car	in the parking lot.
(4-ㄴ)	There are	three cars	in the parking lot.
(5-ㄱ)	There is	much money	in his bag.
(5-ㄴ)	There are	many dollars	in his bag.
(6-ㄱ)	There is	a dove	on the roof.
(6-ㄴ)	There are	many doves	on the roof.
(7-ㄱ)	There is	a cow	under the tree.
(7-ㄴ)	There are	four cows	under the tree.
(8-ㄱ)	There is	a lake	near Seoul.
(8-ㄴ)	There are	many orchards	near Seoul.

(3-ㄱ)= 정원에 농부가 한 명 있다.
(3-ㄴ)= 정원에 농부가 두 명 있다.
(4-ㄱ)= 주차장에 차가 한 대 있다.   * parking lot = parking place 주차장
(4-ㄴ)= 주차장에 차가 세 대 있다.
(5-ㄱ)= 그이의 가방 안에 많은 돈이 있다.
(5-ㄴ)= 그이의 가방 안에 달러가 많이 있다. (= 여러 달러 있다.)
(6-ㄱ)= 지붕 위에 비둘기가 한 마리 있다.   * dove [dʌv] 비둘기
(6-ㄴ)= 지붕 위에 비둘기가 여러 마리 있다.   * roof [ru:f] 지붕
(7-ㄱ)= 나무 밑에 소가 한 마리 있다.
(7-ㄴ)= 나무 밑에 소가 네 마리 있다.
(8-ㄱ)= 서울 근처에 호수가 하나 있다.
(8-ㄴ)= 서울 근처에 많은 과수원이 있다.   * orchard [ɔ́:rtʃərd] 과수원

a few 와 a little

(A) a few 의 뜻 : 다소의, 얼마간의, 소수의
　　a little 의 뜻 : 약간의, 소량의

a few	보통명사 (복수)	뜻	a little	물질명사	뜻
a few	books	두서너 권의 책	a little	wine	약간의 포도주
a few	friends	두서너 명의 친구	a little	beer	약간의 맥주
a few	dollars	2, 3 달러	a little	meat	약간의 고기
a few	boys	두서너 명의 소년	a little	milk	약간의 우유

* wine [wain] 포도주, 술　　* beer [biər] 맥주

(B) **a great number of** + 복수 보통명사 : 아주 많은, 굉장히 많은 ~
　　a great deal of + 물질명사 : 아주 많은, 굉장히 많은 ~

	보통명사	뜻	주의사항
a great number of	books	아주 많은 책들	great 대신에 large 를 사용해도 된다
a great number of	people	아주 많은 사람들	great를 빼면 many와 동일한 뜻이 된다.
a large number of	locusts	아주 많은 메뚜기들	
a large number of	cars	아주 많은 차들	

* locust [lóukəst] 메뚜기 (아프리카와 중국에서 볼 수 있는 구름떼처럼 날아다니는 메뚜기)
* grasshopper (우리나라에서 볼 수 있는) 메뚜기　　* people [píːpl] 사람들

	물질명사	뜻	주의사항 및 단어의 뜻
a great deal of	wine	아주 많은 포도주	• great대신에 good을 사용해도 된다
a great deal of	beer	아주 많은 맥주	* deal [di:l] 분량, 다량
a great deal of	meat	아주 많은 고기	* deal 많음, 다량
a great deal of	flour	아주 많은 밀가루	* flour 밀가루, 곡물가루

※ great 대신에 good이나 vast를 써도 된다.

(C) a lot of + 물질명사, 또는 보통명사의 복수
    plenty of + 물질명사, 또는 보통명사의 복수

많은	보통명사	뜻	주의사항
a lot of	books	많은 책들	※ a lot of ~와 plenty of ~ 대신에 many를 사용해도 된다.
a lot of	eggs	많은 계란들	
plenty of	books	많은 책들	
plenty of	eggs	많은 계란들	

많은	물질명사, 추상명사	뜻	주의사항
a lot of	time	많은 시간	※ 이 경우에는 a lot of 와 plenty of 대신에 much를 사용해도 된다.
a lot of	work	많은 일	※ 비교 : much time 많은 시간
plenty of	meat	많은 고기	many times 여러 번
plenty of	flour	많은 밀가루	• work 는 추상명사이다.

(D) 주어가 물질명사이면 **there is**를 사용한다.

	동사 (있다)	양을 나타내는 말	주어 (물질명사)	부사 (어디에)
(9-ㄱ)	There is	much	meat	in the refrigerator.
(9-ㄴ)	There is	a good deal of	money	in the safe.
(9-ㄷ)	There is	a little	rice	in the sack.
(9-ㄹ)	There is	a lot of	sugar	on the truck.
(9-ㅁ)	There is	plenty of	flour	on the truck.

(9-ㄱ)= 냉장고 안에 많은 고기가 있다. (9-ㄴ)= 금고 안에 아주 많은 돈이 있다.
(9-ㄷ)= 그 포대(자루) 안에 약간의 쌀이 있다. (9-ㄹ)= 그 트럭에 많은 설탕이 있다.
(9-ㅁ)= 그 트럭에 많은 밀가루가 있다

부정문 만들기 04

부정문은 다음과 같이 만든다.

	있다	부정	사물	장소	뜻
(10-ㄱ)	There is	no	money	in the bag.	그 가방에는 돈이 없다.
(10-ㄴ)	There is	no	book	on the desk.	그 책상에는 책이 없다.
(10-ㄷ)	There are	no	books	on the desk.	그 책상에는 책이 없다.
(10-ㄹ)	There is	no	food	in the house.	그 집에는 식량이 없다.
(10-ㅁ)	There is	no	bus	there.	그곳에는 버스 편이 없다.
(10-ㅂ)	There is	no	boy	in the bus.	그 버스에는 소년이 없다.
(10-ㅅ)	There is		nothing	in the bag.	그 가방에는 아무것도 없다.

아래와 같이 장소를 여러 가지로 바꿀 수 있다. (꼭 외워야 한다)

	있다	무엇이?		어디에?	
				전치사	명사
(11-ㄱ)	There is	a	cat	in	the room.
(11-ㄴ)	There is	a	cat	behind	the door.
(11-ㄷ)	There is	a	cat	under	the table.
(11-ㄹ)	There is	a	cat	by	the stove.
(11-ㅁ)	There is	a	cat	beside	the stove.
(11-ㅂ)	There is	a	cat	near	the fire.
(11-ㅅ)	There is	a	cat	between	Tom and Jane.
(11-ㅇ)	There is	a	cat	at	the door.
(11-ㅈ)	There is	a	villa	on the top of	the hill.
(11-ㅊ)	There is	a	garden	at the back of	my house.
(11-ㅋ)	There is	a	car	in front of	your house.
(11-ㅌ)	There is	a	well	in the middle of	the garden.
(11-ㅍ)	There are	four	chairs	around	the table.
(11-ㅎ)	There are	many	cars	along	the road.

(11-ㄱ)= 그 방안에 고양이가 있다.　　(11-ㄴ)= 그 문 뒤에 고양이가 있다.
(11-ㄷ)= 그 탁자 밑에 고양이가 있다.　(11-ㄹ)= 그 난로 곁에 고양이가 있다.
(11-ㅁ)= 그 난로 옆에 고양이가 있다.　(11-ㅂ)= 그 불 가까이에 고양이가 있다.
(11-ㅅ)= 톰과 제인 사이에 고양이가 있다.　(11-ㅇ)= 그 문턱에 고양이가 있다.
(11-ㅈ)= 그 산 정상에 별장이 있다.　(11-ㅊ)= 나의 집 뒤에 정원이 있다.
(11-ㅋ)= 너의 집 앞에 차가 있다.　　(11-ㅌ)= 그 정원의 한가운데 우물이 있다.
(11-ㅍ)= 그 탁자 둘레에 의자가 네 개 있다.　(11-ㅎ)= 그 길을 따라 많은 차가 있다.

05 의문문

is 나 are를 there의 앞에 사용하면 의문문이 된다.

(12-ㄱ) 그 방에 피아노가 있다.
(12-ㄴ) 그 방에 피아노가 있습니까? } 의 비교

(12-ㄱ)= There is a piano in the room.
(12-ㄴ)= Is there a piano in the room?

(13-ㄱ) 서울 가까운 곳에 많은 과수원이 있다.
(13-ㄴ) 서울 가까운 곳에 많은 과수원이 있습니까? } 의 비교

(13-ㄱ)= There are many orchards near Seoul.
(13-ㄴ)= Are there many orchards near Seoul?

06 묻고 대답하기

문답(問答)은 아래와 같이 한다.

[문 1] : Is there a piano in the room? <그 방에 피아노가 있습니까?>
 [긍정의 대답] : Yes, there is. <예, 있습니다>
 [부정의 대답] : No, there isn't. <없습니다.> 또는, No, there's no piano.

다음과 같이 "any + 명사"로 물어볼 수 있다.

(a)	Are there	any	watches	in the box?	<그 상자 안에 시계 좀 있니?>
(b)	Is there	any	money	in the box?	<그 상자 안에 돈 좀 있니?>
(c)	Is there	any	trouble	in the club?	<그 클럽에 무슨 문제라도 있니?>

대답은 다음과 같이 할 수 있다.

(a)에 대한 대답	있다는 대답	Yes,	there are	some.	<예, 좀 있어요.>
	없다는 대답	No,	there aren't	any.	<아니오, 전혀 없어요.>
(b)(c)에 대한 대답	있다는 대답	Yes,	there is	some.	<예, 좀 있어요.>
	없다는 대답	No,	there isn't	any.	<아니오, 전혀 없어요.>

any와 some에 대한 예문 다시 보기

① 의문문에서 any = 무슨 ~든   보기) any book 무슨 책이든
  a) Do you have any question(s)?   (무슨 의문이든) 질문할 것 있어요?
  b) Are there any stores there?   거기에 (무슨 가게든) 가게 좀 있어요?

② 부정문에서 any = 전혀 ~하지 않다
  a) I don't have any question(s).   나는 질문할 게 전혀 없어요.
  b) There aren't any stores there.   거기에는 아무 가게도 없어요.

③ 긍정문에서 any = 어느(무슨) ~든   예) any boy + 어느 소년이든 다
  a) Any boy can do it.   어느 소년이든 그런 것 쯤이야 할 수 있다.

④ 긍정문에서 some = 약간의   보기) some questions 약간의 의문(점)
  a) I have some questions.   질문할 게 좀 있어요.

* question [kwéstʃən] 의문   * store [stɔːr] 가게
* can ~할 수 있다 / can go 갈 수 있다, can fly 날 수 있다

연·습·문·제 48

(　)안에 is나 are를 쓰시오.

(1) There (　) a doll on the floor.
(2) There (　) a number of students in the playground.
(3) There (　) two dogs at the gate.
(4) There (　) a few eggs in the basket.
(5) There (　) a little money in the box.
(6) There (　) much rice in the cellar.　　* cellar [sélər] 지하창고
(7) There (　) a number of trees along the road.
(8) There (　) a car in front of the house.

연·습·문·제 49

ⓐ ⓑ 중에서 옳은 것은 어느 것인가?

(1)	ⓐ	I have a little money.
	ⓑ	I have a few money.
(2)	ⓐ	Are there many houses in the village?
	ⓑ	Are there much houses in the village?
(3)	ⓐ	There are any apples in the basket.
	ⓑ	There are some apples in the basket.
(4)	ⓐ	There aren't some books on the table.
	ⓑ	There aren't any books on the table.
(5)	ⓐ	There is plenty of time.
	ⓑ	There is many time.
(6)	ⓐ	There is a great number of flour in the cellar.
	ⓑ	There is a good deal of flour in the cellar.

연·습·문·제 50

다음의 우리말을 영어로 말하시오.

(1) 그 탁자 위에
(2) 그 탁자 밑에
(3) 그 탁자 둘레에
(4) 그 탁자 옆에
(5) 나의 집 앞에
(6) 나의 집 근처에
(7) 나의 집 뒤에
(8) 나의 집 안에
(9) 그 두 집 사이에
(10) 너와 나 사이에

(11) 우리들 사이에
(12) 그 산 밑에
(13) 그 산의 정상에
(14) 그 나무 밑에
(15) 이 길을 따라   * road 길
(16) 해안선을 따라   * coast 해안선
(17) 그 대문에
(18) 그 방바닥 (또는 마루바닥)에

(19) 그 바구니 안에 많은 계란이 있다.   * a lot of, many 많은
(20) 그 바구니 안에 많은 계란이 있습니까?
(21) 그 바구니 안에 약간의 계란이 있습니다.   * some, a few 약간의
(22) 그 바구니 안에는 계란이 없다. (no를 사용함)
(23) 그 바구니 안에는 아무 계란도 없다. (aren't any를 사용함)
(24) 나의 집 둘레에 많은 나무가 있다.
(25) 그 식탁 둘레에 4개의 의자가 있다.
(26) 일주일에는 7일이 있다.   * seven days 7일
(27) 하루에는 24시간이 있다.   * 24 hours 24시간
(28) 하늘에는 수많은 별들이 있다.   * in the sky 하늘에   * stars 별들

(29) 그녀의 책가방에 책이 여러 권 있다.
(30) 그녀의 책가방에 약간의 책이 있다.   * a few ~, some ~
(31) 그녀의 책가방에 책 좀 있습니까? (any를 사용한다)
(32) 그녀의 책가방에는 책이 없다.
(33) 그 둥지에는 알이 하나도 없다.   * in the nest 둥지에
(34) 그이의 집 앞에 차가 있다.
(35) 그 대문에 두 마리의 큰 개가 있다.   * gate 대문   * big 큰

(36) 그 하얀 벽에 아름다운 그림이 세 개 있다.
(37) 그 정원의 한 가운데에 우물이 있다. * well 우물
(38) 그 길가에 커다란 나무들이 줄지어 서 있다. * tall 커다란
(39) 그 산 밑에 아름다운 마을이 있다.
(40) 그 산의 정상에 큰 별장이 있다. * at the top of 산의 정상에 * villa 별장
(41) 그 동물원에 많은 동물들이 있다. * zoo 동물원 * animal 동물
(42) 그 집 둘레에 담이 둘러 싸여 있다. * wall 담
(43) 그 시가지를 따라 손수레들이 줄 서 있다. * street 시가지 * cart 손수레
(44) 그 불 옆에 고양이가 있다.

(45) 그 꽃병에 꽃 좀 있습니까? * vase 꽃병 * any flowers (무슨 꽃이든) 꽃 좀
(46) 예, 좀 있습니다.   아니, 전혀 없어요.
(47) 나는 진아(Jin-a)와 진수(Jin-su) 사이에 앉는다.
(48) 그 기차는 서울과 부산 사이를 운행한다.(run)
(49) 2시에서 3시 사이에 오너라.
(50) 그들 사이에는 사랑이 없다.
(51) 그 산 넘어에 아름다운 호수가 있다.

의문사가 있는 의문문　　　　　　　　　　　　　　07

(14-ㄱ) 그 탁자 밑에 고양이 있냐?
(14-ㄴ) 그 탁자 밑에 무엇이 있냐? } 의 비교

| (14-ㄱ)= | | Is there | a cat | under the table? |
| (14-ㄴ)= | What | is (there) | | under the table? |

※ (14-ㄴ)처럼「무엇이 있냐 ?」고 물어보는 문장에는 **there**를 사용하는 것이 문법에 맞다.

(15-ㄱ) 그 가방 안에 1,000 달러 있습니까?
(15-ㄴ) 그 가방 안에 　몇 달러 있습니까? } 의 비교

| (15-ㄱ)= | | Are there | 1,000 dollars | in the bag? |
| (15-ㄴ)= | How many dollars | are there | | in the bag? |

(16-ㄱ) 그 가방 안에 많은 돈이 있습니까?
(16-ㄴ) 그 가방 안에 돈이 얼마 있습니까? } 의 비교

| (16-ㄱ)= | | Is there | much money | in the bag? |
| (16-ㄴ)= | How much money | is there | | in the bag? |

(15-ㄴ)과 (16-ㄴ)을 나란히 써놓으면 차이점이 쉽게 눈에 들어온다.

| (15-ㄴ) | How | many | dollars | are | there in the bag? |
| (16-ㄴ) | How | much | money | is | there in the bag? |

연·습·문·제 51

다음 문장을 해석하시오.

(1) How many guests are there at the birthday party ?
(2) There are many guests at the birthday party.
(3) What is there in the box ?
(4) How many eggs are there in the basket ?
(5) There are ten eggs in the basket.
(6) How many countries are there in the world ?
(7) There is no peace under the sun.
(8) How much wine is there in the cellar ?
(9) There is no love between them.
(10) Do you have any trouble ?

(11) Are there any biscuits in the kitchen ?
(12) Do you have any questions ?
(13) There is some milk in the refrigerator.
(14) Aren't there any new cars in the parking lot ?
　　　1 : No, there aren't any.　2 : Yes, there are some.
(15) Some boy(어떤 소년) knows the answer. Who is it ?

(16) All work is not dull; some work is pleasant.

(17) Are there any tools in the kit?
　　　Yes, there are some.

(18) There aren't any shops around here.

(19) Do you want any food ?
　　　Yes, I want some.
　　　No, I don't want any food.

(20) Is there any bread in the basket ?
　　　Yes, there is some bread.
　　　No, there isn't any (bread).

* guest [gest] 손님, 내빈　　* birthday party 생일파티
* world [wə:rld] 세계　　* peace [pi:s] 평화　　* love 사랑
* trouble [trʌbl] 골치 아픈 일, 싸움, 분쟁, 근심　　* biscuit [bískit] 비스켓
* kitchen [kítʃən] 부엌　　* parking lot 주차장　　* answer [ǽnsər] 대답
* dull [dʌl] 재미없는, 지루한, 단조로운　　* pleasant [plézənt] 상쾌한, 기분 좋은
* tool 연장, 도구　　* kit 도구 상자　　* shop [ʃap] 가게, 상점, 제작소
* basket 바구니　　* food 식량, 음식　　* bread 빵

격언

"Good beginning makes good ending"
시작이 좋아야 끝이 좋다.

연·습·문·제 52

아래의 우리말을 영어로 말하시오.

(1-a) 그 벽에 그림이 다섯 점 있다.
(1-b) 그 벽에 그림이 다섯 점 있습니까?
(1-c) 그 벽에 그림이 몇 점 있습니까?
(1-d) 그 벽에는 그림이 없다.
(1-e) 그 벽에는 아무 그림도 없다. (※ any를 사용함)
(1-f) 그 벽에 그림 좀 있습니까? (※ any를 사용함)

(2-a) 너의 집 앞에 두 대의 차가 있다.
(2-b) 너의 집 앞에 두 대의 차가 있냐?
(2-c) 너의 집 앞에 차가 몇 대 있냐?
(2-d) 너의 집 앞에 무엇이 있냐?
(2-e) 너의 집 앞에 차 좀 있냐?　(ㄱ) 예, 좀 있어요.　　(ㄴ) 전혀 없어요.
(2-f) 너의 집 앞에는 차가 없다.
(2-g) 너의 집 앞에는 아무 차도 없다. (※ isn't any car, 또는 aren't cars를 사용함)

(3) 그 산에는 눈이 없다. (※ no를 사용함)　* snow 눈　* hill 산

(4) 해마다 많은 화재가 일어난다. (There are many ~)
　　* every year 해마다　* many fires 많은 화재

(5-a) 지하 저장실(cellar)에 아주 많은 포도주가 있다.
(5-b) 지하 저장실에 무엇이 있습니까?
(5-c) 지하 지장실에 포도주가 얼마 있습니까?

(6-a) 톰과 제인 사이에는 사랑이 없다.
(6-b) 이 세상에는 평화가 없다.

(7-a) 그 금고 안에는 돈이 없다.
(7-b) 그 금고 안에 돈이 얼마 있습니까?
(7-c) 그 금고 안에 몇 달러 있습니까?
(7-d) 그 금고 안에 무엇이 있습니까?

주어 + is + 있는 장소　　08

(17-ㄱ) 탁자 밑에 고양이가 있다.
(17-ㄴ) 그 고양이는 탁자 밑에 있다. } 의 비교

| (17-ㄱ)= | There | is | a cat | under the table. |
| (17-ㄴ)= | The cat | is | | under the table. |

(17-ㄱ)과 (17-ㄴ)을 아래와 같이 바꾸어 말하면 안 된다.

| (17-ㄱ) ⇨ 틀림 | A cat | is | | under the table. (×) |
| (17-ㄴ) ⇨ 틀림 | There | is | the cat | under the table. (×) |

주의 무엇이 있는가를 말하려면 (17-ㄱ)과 같이 말해야 하고 어디에 있는가를 말하려면 (17-ㄴ)처럼 말해야 한다. 예를 들면 『한국은 아시아에 있다』는 한국이 어디에 있는가를 나타내는 말이기 때문에 (17-ㄴ)처럼 말해야 한다.

그러나 『이 상자 안에는 개구리들이 있다』는 무엇이 있는가를 나타내는 말이기 때문에 (17-ㄱ)처럼 말해야 한다. 즉, 다음과 같이 말해야 한다.

(ㄱ) There are frogs in this box.　•(17-ㄱ)과 동일한 문형임
(ㄴ) Korea is　　　 in Asia.　　•(17-ㄴ)과 동일한 문형임

(ㄱ)의 뜻 : 이 상자 안에 개구리들이 있다.　※ 정보가치는 『개구리들』에 있음
(ㄴ)의 뜻 : 한국은 아시아에 있다.　※ 정보가치는 『아시아에』에 있음

(ㄱ)과 (ㄴ)을 다음과 같이 하면 안 된다.

(ㄱ) ⇨ 틀림　~~Frogs~~　~~are~~　─────　~~in this box.~~ (×)
(ㄴ) ⇨ 틀림　~~There~~　~~is~~　~~Korea~~　~~in Asia.~~ (×)

그러나 Who is in the room? <그 방에 누가 있냐?>라는 질문에 대답하는 경우에는 There is Tom. 이라고 대답하면 안 된다. Tom is (in the room).라고 대답해야 한다. (　)안에 있는 것은 생략한다.

아래의 문장처럼 주어의 자리에 지목된 사람이나 사물을 사용하면 There is ~를 이용할 수 없다.

		주어	있다	있는 장소
(가)	톰이라고 지목했음 제인이라고 지목했음 서울이라고 지목했음	Tom Jane Seoul	is is is	in his car. in her room. in Korea.
(나)	그 열쇠라고 지목했음 이 소년이라고 지목했음 저 소년이라고 지목했음	The key This boy That boy	is is is	in my bag. in the garden. in England .
(다)	나의 아버지라고 지목했음 너의 차라고 지목했음 톰의 시계라고 지목했음	My father Your car Tom's watch	is is is	in Busan. over there. on the table.
(라)	『그이』라고 지목했음 『그녀』라고 지목했음 『그들』이라고 지목했음 『나』라고 지목했음	He She They I	is is are am	under the bridge. by the piano. in the garden. in Seoul.

주의 『There is Tom in his car.』라고 하면 안 된다.
위 문장들의 뜻 : (이 문장들의 정보가치는 장소에 있다.)

(가) 톰은 자기의 차 안에 있다.
제인은 자기의 방 안에 있다. / 서울은 한국에 있다.

(나) 그 열쇠는 나의 가방 안에 있다.
이 소년은 정원에 있다. (사진을 보면서 하는 말)
저 소년은 영국에 있다. (사진을 보면서 하는 말)

(다) 나의 아버지는 부산에 계십니다.
너의 차는 저기에 있다. / 톰의 시계는 탁자 위에 있다.

(라) 그는 다리 밑에 있다.
그녀는 피아노 옆에 있다. / 그들은 정원에 있다.
나는 서울에 있다. (= 여기는 서울이다.)

예문을 추가합니다.

(18-ㄱ) 나의 집 앞에 차가 있다.
(18-ㄴ) 너의 차는 나의 집 앞에 있다. } 의 비교

(18-ㄱ)=   There   is   a car   in front of my house.
(18-ㄴ)=   Your car   is   in front of my house.

• (18-ㄴ)에서는 「너의 차」라고 지목하고 있다.

(19-ㄱ) 그 상자 안에 많은 보석들이 있다.
(19-ㄴ) 그 보석들은 상자 안에 있다. } 의 비교

(19-ㄱ)=   There   are   many jewels   in the box.
(19-ㄴ)=   The jewels   are   in the box.

• (19-ㄴ)에서는 어떤 보석인지 지목하고 있다. 즉 「그 보석」이라고 지목하고 있다.

(20-ㄱ) 그 방 안에 약간의 학생들이 있다.
(20-ㄴ) 제인과 수잔은 그 방 안에 있다. } 의 비교

(20-ㄱ)=   There   are   some students   in the room.
(20-ㄴ)=   Jane and Susan   are   in the room.

• (20-ㄴ)에서는 「제인과 수잔」이라고 지목하고 있다.

(21-ㄱ) 홀 안에 상당히 많은 소년들이 있다.
(21-ㄴ) 그들은 홀 안에 있다. } 의 비교

| (21-ㄱ)= | There | are | a number of boys | in the hall. |
| (21-ㄴ)= | They | are | | in the hall. |

* jewel [dʒúːəl] 보석   * hall [hɔːl] 회관, 회당, 홀

『있다』와 『있었다』   09

『있다』를 『있었다』로 하려면 is를 was [wəz]로 고치면 된다. 『있다』를 현재시제라 하고 『있었다』를 과거시제라 한다.

(22-ㄱ) 제인은 자기 방에 있다.
(22-ㄴ) 제인은 자기 방에 있었다. } 의 비교

| (22-ㄱ)= | Jane | is | in her room. |
| (22-ㄴ)= | Jane | was | in her room just now. |

*just now 조금전에

주어가 복수이면 was를 쓰지 않고 were [wə:r]를 써야 한다.

(23-ㄱ) 그 소년들은 운동장에 있다.
(23-ㄴ) 그 소년들은 운동장에 있었다. } 의 비교

| (23-ㄱ)= | The boys | are | in the playground. |
| (23-ㄴ)= | The boys | were | in the playground. |

• is, am의 과거는 was이고 are의 과거는 were 이다. 그러므로 122쪽에서 배운 것을 과거로 고치기는 땅 짚고 헤엄치기다.

『그이는 의사입니다.』를 『그이는 의사였습니다.』로 고치려면 is를 was로 고치면 된다. 아래의 (24-ㄱ)은 130쪽에 있는 문장이다.

(24-ㄱ) 그이는 친절한 의사입니다.
(24-ㄴ) 그이는 친절한 의사였습니다. } 의 비교

| (24-ㄱ)= | He | is | a kind doctor. |
| (24-ㄴ)= | He | was | a kind doctor. |

214 • LESSON 9

반가운 영어

(25-ㄱ) 그녀는 영리한 간호사입니다.
(25-ㄴ) 그녀는 영리한 간호사였습니다.   } 의 비교

| (25-ㄱ)= | She | is | a clever nurse. |
| (25-ㄴ)= | She | was | a clever nurse. |

(26-ㄱ) 그이는 부자입니다.
(26-ㄴ) 그이는 부자였습니다.   } 의 비교

| (26-ㄱ)= | He | is | rich. |
| (26-ㄴ)= | He | was | rich. |

(27-ㄱ) 나는 바쁘다.
(27-ㄴ) 나는 바빴다.   } 의 비교

| (27-ㄱ)= | I | am | busy. |
| (27-ㄴ)= | I | was | busy. |

아래의 (28-ㄱ)은 136쪽에 있는 문장이다.

(28-ㄱ) 그들은 경찰관들이다.
(28-ㄴ) 그들은 경찰관들이었다.   } 의 비교

| (28-ㄱ)= | They | are | policemen. |
| (28-ㄴ)= | They | were | policemen. |

연·습·문·제 53

다음의 우리말을 영어로 말하시오. 별표(☆)가 있는 문장은 there로 시작한다.

(1-a) 나의 집 근처에 우물이 하나 있다. (☆)
(1-b) 그 우물은 나의 집 근처에 있다. (※ 그 우물이라고 지목했다.)
(1-c) 나의 집 근처에 우물이 있었다. (☆)
(1-d) 그 우물은 나의 집 근처에 있었다.

(2-a) 너의 집 앞에 택시(taxi)가 한 대 있다. (☆)
(2-b) 그이의 택시는 너의 집 앞에 있다.(※ 그이의 택시라고 지목했음)
(2-c) 너의 집 앞에 택시가 한 대 있었다. (☆)
(2-d) 그이의 택시는 너의 집 앞에 있었다.

(3-a) 아시아에는 많은 나라가 있다. (☆)
(3-b) 한국은 아시아에 있다.

(4-a) 톰은 그 정원에 있다.
(4-b) 그 정원에 두 명의 소년이 있다. (☆)

(5-a) 그 홀에는 10명의 학생이 있다. (☆)
(5-b) 그 홀에는 10명의 학생이 있었다. (☆)
(5-c) 그 학생들은 홀에 있다.
(5-d) 그 학생들은 홀에 있었다.

(6-a) 그들은 서울에 있다.
(6-b) 그들은 서울에 있었다.

(7-a) 주차장에 상당히 많은 (a number of) 차가 있다. (☆)
(7-b) 주차장에 상당히 많은 차가 있었다. (☆)
(7-c) 나의 차는 주차장에 있다.
(7-d) 나의 차는 주차장에 있었다.

(8-a) 금고 안에 약간의(a little, 또는 some) 돈이 있다. (☆)
(8-b) 그 돈은 금고 안에 있다.
(8-c) 그 돈은 금고 안에 있었다.

(9-a) 나는 배고프다.
(9-b) 나는 어제는 배가 고팠다.   * yesterday 어제

(10-a) 톰은 바쁘다.
(10-b) 톰은 어제는 바빴다.

(11-a) 그들은 용감한 군인(soldier)이다.
(11-b) 그들은 용감한 군인이었다.

(12-a) 나의 아버지는 경찰관이다.
(12-b) 나의 아버지는 작년에는 경찰관이었다.   * last year 작년에

(13-a) 그이는 젊지 않다.
(13-b) 그이는 젊지 않았다.

(14-a) 이것은 나의 집이다.
(14-b) 이것은 나의 집이었다.
(14-c) 이것은 나의 집이 아니다.
(14-d) 이것은 나의 집이 아니었다.

(15-a) 나는 피아노를 칠 수 있다. (am able to)
(15-b) 나는 피아노를 칠 수 있었다.

(16-a) 나는 수영을 좋아한다. (am fond of를 이용하여/ ☞ 182쪽)   * swimming 수영
(16-b) 나는 수영을 좋아했다. (☞ 182쪽)

(17-a) 나는 영어에 흥미가 있다. (☞ 182쪽)
(17-b) 나는 젊었을 때 영어에 흥미가 있었다.   * when young 젊었을 때

(18-a) 제인은 매우 친절하다.
(18-b) 제인은 매우 친절했다.

(19-a) 나는 너를 자랑스럽게 생각한다. (☞ 182쪽)
(19-b) 나는 너를 자랑스럽게 생각했다.

(20-a) 나의 어머니는 유능한 교사다.   * able 유능한
(20-b) 나의 어머니는 유능한 교사였다.
(20-c) 그녀는 유능한 교사가 아니었다.

where, who, whose   10

아래에 있는 (29-ㄱ)은 213쪽에 있는 문장이다. (29-ㄱ)을 영어로 말할 수 있으면 (29-ㄴ)을 영어로 말하기는 누워서 떡 먹기다.

(29-ㄱ) 제인은 그 방에 있다.
(29-ㄴ) 누가   그 방에 있습니까? } 의 비교

(29-ㄱ)=   Jane   is   in the room   .
(29-ㄴ)=   Who   is   in the room   ?

아래 (30-ㄱ)은 212쪽에 있는 (18-ㄴ)과 유사한 문장이다. (30-ㄱ)을 영어로 말할 수 있으면 (30-ㄴ)을 영어로 말하기는 손바닥 뒤집기처럼 쉽다.

(30-ㄱ) 톰의 차는 그 집 앞에 있다.
(30-ㄴ) 누구의 차가 그 집 앞에 있냐? } 의 비교

(30-ㄱ)=   Tom's car   is   in front of the house   .
                ⇩
(30-ㄴ)=   Whose car   is   in front of the house   ?

(29-ㄱ)을 알고 있으면 (31-ㄴ) (31-ㄷ)을 줄줄이 쉽게 알 수 있다.
아래 (31-ㄱ)은 (29-ㄱ)을 다시 옮겨 놓은 문장이다.

(31-ㄱ)   Jane   is   in the room.
(31-ㄴ)   Is   Jane   in the room?

(31-ㄴ)   Is   Jane   in the room?   <제인은 그 방에 있냐?>
(31-ㄷ)   Where is   Jane   ?   <제인은 어디 있냐?>

연·습·문·제 54

아래의 우리말을 영어로 말하시오.

(1-a) 톰과 제인은 너의 집 뒤에 있다.
(1-b) 톰과 제인은 너의 집 뒤에 있냐?
(1-c) 톰과 제인은 어디에 있냐?
(1-d) 누가 너의 집 뒤에 있냐?
(1-e) 톰과 제인은 너의 집 뒤에 있었다.
(1-f) 너의 집 뒤에 낯선 사람이 있다.   * stranger [stréindʒər] 낯선 사람

(2-a) 이 고양이는 탁자 밑에 있었다.
(2-b) 이 고양이는 탁자 밑에 있었느냐?
(2-c) 이 고양이는 어디에 있었느냐?
(2-d) 어느 고양이가 그 탁자 밑에 있었느냐?

(3-a) 너의 아버지는 어디 계시냐?
(3-b) 그분은 나무 밑에 계십니다.

(4-a) 수잔은 어디에 있느냐 ?
(4-b) 그녀는 대문에 있다.

(5-a) 나의 시계는 어디에 있냐?
(5-b) 그것은 서랍 안에 있다.   * drawer [drɔːr] 서랍

(6-a) 톰은 어디에 있냐?
(6-b) 그는 정원의 한가운데 있다.   * in the middle of~ ~의 중앙에

(7-a) 그 경찰관들은 어디에 있냐?
(7-b) 그들은 거리에 줄 서 있다.   * along~ ~을 따라, ~을 끼고

(8-a) 그 상자에는 무엇이 있냐?
(8-b) 그 상자에는 누구의 보석이 있냐?   * jewel 보석
(8-c) 그 상자에는 보석이 몇 개 있냐?

(9-a) 나는 어제 부산에 있었다.
(9-b) 여기가 어디냐? (나는 어디에 있는 거냐?)

연·습·문·제 55

아래의 우리말을 영어로 말하시오.
※ 배운 것 전체의 연습이다. (10문제 이상 틀리면 복습해야 한다.)

(1) 나는 그녀를 좋아한다.
(2) 그녀는 나를 좋아한다.
(3) 그들은 우리들을 돕는다.
(4) 우리들은 그들을 돕는다.
(5) 제인은 날마다 자기의 남동생과 함께 도서관에 간다.

(6) 제인은 날마다 자기의 남동생과 함께 도서관에 가느냐?
(7) 제인은 누구와 함께 날마다 도서관에 가느냐?
(8) 그는 많은 맥주와 포도주가 필요하다.   * beer 맥주   * wine 포도주
(9) 너는 무엇이 필요하냐?
(10) 잉크로 쓰시오.   * in ink 잉크로   * in pencil, with a pencil 연필로
(11) 잉크로 쓰지 마시오.
(12) 잉크로 씁시다.
(13) 잉크로 쓰지 맙시다.
(14) 그 동물원에는 많은 동물들이 있다.
(15) 그 동물원에는 많은 동물이 있습니까?
(16) 이것은 재미있는 소설이다.   * novel 소설

(17) 저것은 나의 카메라다.   * camera 카메라
(18) 그것은 톰의 카메라다.
(19) 이것들은 쉬운 책들이다.
(20) 저것들은 무엇입니까?
(21) 그것들은 나비들입니다.   * butterflies 나비들
(22) 그것들은 누구의 책들입니까?

(23) 나는 자주 그 선생님을 방문하다.
(24) 너는 왜 그렇게 자주 그이를 만나느냐?   * so often 그렇게 자주
(25) 누가 그렇게 자주 너에게 전화 거느냐?
(26) 그 산은 높다.
(27) 그 산은 높이가 1,000미터이다.
(28) 그 산은 높이가 얼마입니까?
(29) 와! 그 산 무지무지하게 높구나.
(30) 나는 영어에 흥미가 있다.

(31) 그녀는 피아노를 칠 수 있다.   ※ be able to
(32) 그는 자기의 아버지를 자랑으로 생각하고 있다.
(33) 그녀에게 친절해라.
(34) 그녀에게 무례하지 마라.   * rude 무례한
(35) 그 친절한 늙은 의사는 많은 가난한 사람들을 도와준다.
(36) 저 아름다운 숙녀는 이 새 집에서 삽니다.
(37) 그 큰 나무 밑에 소가 한 마리 있다.   * cow 소
(38) 그 큰 나무 밑에 소가 있습니까?
(39) 그 큰 나무 밑에 소가 몇 마리 있습니까?
(40) 그 큰 나무 밑에 무엇이 있습니까?

(41) 너의 소는 그 큰 나무 밑에 있다.
(42) 누구의 소가 그 큰 나무 밑에 있냐?
(43) 그 큰 나무 밑에 누가 있냐?
(44) 너의 소는 어디에 있냐?
(45) 이 책은 값이 얼마냐?   * price 가격
(46) 그녀의 차는 무슨 색이냐?
(47) 그이는 피아노를 매우 잘 친다.
(48) 와! 그이 피아노를 되게 잘 치네.
(49) 와! 너 참 좋은 컴퓨터 가지고 있다.   * personal computer 컴퓨터
(50) 왜 너는 그렇게 자주 지각하느냐?

LESSON 10

LESSON 10 — Phonics

 1장 제목이 없음   01

음성기호	소리 값	보기	보기	
[æ]	ㅐ, 애	[gæ] = 개	[hæ] = 해	[b] = ㅂ
[ɔ]	ㅗ, 오	[gɔ] = 고	[hɔ] = 호	[d] = ㄷ
[ə]	ㅓ, 어	[gə] = 거	[hə] = 허	[k] = ㅋ
[ʌ]	ㅓ, 어	[gʌ] = 거	[hʌ] = 허	[l] = ㄹ
[ɛə]	ㅔㅓ, 에어	[gɛə] = 게어	[hɛə] = 헤어	[m] = ㅁ
[u]	ㅜ, 우	[gu] = 구	[hu] = 후	[n] = ㄴ
[i]	ㅣ, 이	[gi] = 기	[hi] = 히	[p] = ㅍ
[g]	ㄱ			[r] = ㄹ
[h]	ㅎ			[s] = ㅅ

음성 기호	소리 값	보기	보기	이것들은 받침으로 사용되지 않음
[e]	ㅔ, 에	[be] = 베	[de] = 데	[dʒ] = ㅈ
[a]	ㅏ, 아	[ka] = 카	[la] = 라	[tʃ] = ㅊ
[ju]	ㅠ, 유	[mju] = 뮤	[nju] = 뉴	[ð] = ㄷ
[jʌ]	ㅕ, 여	[jʌŋ] = 영	[gjʌŋ] = 경	[θ] = ㅆ 보기) [bæθ] 배쓰
[jɔ]	ㅛ, 요	[jɔ:k] = 욕	[mjɔ] = 묘	[ʃ] = 쉬
[je]	ㅖ, 예	[jes] = 예스		[ŋ] = ㅇ ※ [ŋ]는 받침으로만 사용됨
[ji]	ㅣ, 이	[jiə] = 이어		[z] = ㅈ
[ɔi]	ㅗㅣ,	[bɔi] = 보이	[tɔi] = 토이	[v] = ㅂ
[wə]	ㅝ, 워	[wə:d] = 워드	[wə:k] = 워크	[f] = ㅍ

[we]	ㅞ, 웨	[wen] = 웬	[wel] = 웰
[wɔ]	ㅝ, 워	[wɔ:d] = 워드	[wɔ:k] = 워크
[wu]	ㅜ, 우	[wul] = 울	[wu:d] = 우드
[wi]	ㅟ, 위	[wil] = 윌	[wið] = 위드
[wɛə]	ㅞㅓ, 웨어	[swɛə] = 쉐어	
[wa]	ㅘ, 와	[watʃ] = 와치	
[wæ]	ㅙ, 왜	[wæks] = 왝스	

읽기 연습 02

끝에 있는 l, m, n은 받침이 된다. ŋ은 받침으로만 사용된다.

[bel]	[litl]	[dæm]	[kæn]
⇩ ⇩ ⇩	⇩ ⇩ ⇩ ⇩	⇩ ⇩ ⇩	⇩ ⇩ ⇩
ㅂ ㅔ ㄹ	ㄹ ㅣ ㅌ ㄹ	ㄷ ㅐ ㅁ	ㅋ ㅐ ㄴ
벨	리틀	댐	캔

[sʌdn]	[kiŋ]	[lɔŋ]
⇩ ⇩ ⇩ ⇩	⇩ ⇩ ⇩	⇩ ⇩ ⇩
ㅅ ㅓ ㄷ ㄴ	ㅋ ㅣ ㅇ	ㄹ ㅗ ㅇ
서든	킹	롱

[f, s, v, z, ʤ, ʧ, θ, ð]는 받침이 될 수 없다.

[laif]	[pæs]	[liv]	[mju:z]
⇩ ⇩ ⇩	⇩ ⇩ ⇩	⇩ ⇩ ⇩	⇩ ⇩ ⇩
ㄹ ㅏ ㅣ ㅍ	ㅍ ㅐ ㅅ	ㄹ ㅣ ㅂ	ㅁ ㅠ ㅈ
라이프	패스	리브	뮤즈

[bæθ]	[beið]	[ti:ʧ]
⇩ ⇩ ⇩	⇩ ⇩ ⇩	⇩ ⇩ ⇩
ㅂ ㅐ ㅆ	ㅂ ㅔ ㅣ ㄷ	ㅌ ㅣ 치
배쓰	베이드	티치

- 끝에 있는 ʧ는 『치』또는『취』라고 읽는다.
- 끝에 있는 ʤ는 『지』또는『쥐』라고 읽는다. 보기) [lɑ:ʤ] 『라지』또는『라쥐』

자음이 연속해서 있는 경우

[spriŋ] ⇩⇩⇩⇩ 스프ㄹㅣㅇ	[straik] ⇩⇩⇩⇩⇩ 스트ㄹㅏㅣㅋ	[skri:n] ⇩⇩⇩⇩ 스크ㄹㅣㄴ
스프링	스트라잌	스크린

[trʌsts] ⇩⇩⇩⇩⇩ 트ㄹㅓ스트스	[dri:m] ⇩⇩⇩⇩ 드ㄹㅣㅁ	[kli:n] ⇩⇩⇩⇩ 크ㄹㅣㄴ
트러스트스	드림	클린

[ʃ]와 [s]

[ʃeik] ⇩⇩⇩ 쉐이크	[seik] ⇩⇩⇩⇩ ㅅㅔ이크	[ʃou] ⇩⇩ 쇼우
쉐이크	세이크	쇼우

[sou] ⇩⇩⇩ ㅅㅗ우	[ʃu:t] ⇩⇩ 슈ㅌ	[su:t] ⇩⇩⇩ ㅅ우ㅌ
소우	슡	숱

다음의 발음기호를 읽어봅시다.

1	2	3
[tent] ⇩⇩⇩⇩ ㅌㅔㄴㅌ	[læmp] ⇩⇩⇩⇩ ㄹㅐㅁㅍ	[hændl] ⇩⇩⇩⇩⇩ ㅎㅐㄴㄷㄹ
텐트	램프	핸들

4	5	6
[simpl] ⇩⇩⇩⇩ ㅅㅣㅁㅍㄹ	[klouz] ⇩⇩⇩⇩ ㅋㄹㅗㅜㅈ	[mauθ] ⇩⇩⇩⇩ ㅁㅏㅜㅆ
심플	클로우즈	마우쓰

7	8	9
[strɔː] ⇩⇩⇩⇩ ㅅㅌㄹㅗ	[pliːz] ⇩⇩⇩⇩ ㅍㄹㅣㅈ	[driːmz] ⇩⇩⇩⇩ ㄷㄹㅣㅁㅈ
스트로	플리즈	드림즈

10	11	12
[æskt] ⇩⇩⇩⇩ ㅐㅅㅋㅌ	[prizn] ⇩⇩⇩⇩ ㅍㄹㅣㅈㄴ	[stiːlz] ⇩⇩⇩⇩ ㅅㅌㅣㄹㅈ
애스크트	프리즌	스틸즈

13 [ðiðə] ⇩⇩⇩⇩ ㄷ ㅣ ㄷ ㅓ	14 [θiŋk] ⇩⇩⇩⇩ ㅆ ㅣ ㅇ ㅋ	15 [restlis] ⇩⇩⇩⇩⇩⇩⇩ ㄹㅔ ㅅㅡㅌㄹㅣㅅ
디더	씽크	레스트리스

16 [lift] ⇩⇩⇩⇩ ㄹㅣ ㅍ ㅌ	17 [tækt] ⇩⇩⇩⇩ ㅌ ㅐ ㅋ ㅌ	18 [tækl] ⇩⇩⇩ ㅌ ㅐ ㅋㄹ
리프트	택트	태클

19 [jelow] ⇩⇩⇩⇩ 예 ㄹ ㅗ ㅜ	20 [jʌŋgə] ⇩⇩⇩⇩ 여 ㅇ ㄱ ㅓ	21 [nju:z] ⇩⇩⇩ ㄴ ㅠ ㅈ
예로우(옐로우)	영거	뉴즈

22 [ikskju:z] ⇩⇩⇩⇩ ㅇㅣㅋ ㅅㅋ ㅠ ㅈ	23 [ja:rd] ⇩⇩⇩⇩ 야 × ㄷ	24 [relm] ⇩⇩⇩⇩ ㄹㅔㄹ ㅁ
익스큐즈	야드	레름

25	26	27
[wiŋkl]	[watʃ]	[inla:dʒ]
⇩ ⇩ ⇩ ⇩	⇩ ⇩	⇩ ⇩ ⇩ ⇩ ⇩
위 ㅇ ㅋ ㄹ	와 치(취)	이 ㄴ ㄹ ㅏ 지
윙클	와치	인라지

28	29	30
[weðə]	[ʃædou]	[iŋgliʃ]
⇩ ⇩ ⇩	⇩ ⇩ ⇩ ⇩	⇩ ⇩ ⇩ ⇩ ⇩
웨 ㄷ ㅓ	쇄 ㄷ ㅗ 우	이 ㅇ 그 리 쉬
웨더	쇄도우	잉그리쉬

31	32
[wʌndəfəl]	[wɔ:θləs]
⇩ ⇩ ⇩ ⇩ ⇩ ⇩	⇩ ⇩ ⇩ ⇩ ⇩
워 ㄴ ㄷ ㅓ ㅍ ㅓ ㄹ	워 쓰 ㄹ ㅓ ㅅ
원더펄	워쓰러스

33	34
[θiəladʒikəl]	[θʌndərʃauər]
⇩ ⇩ ⇩ ⇩ ⇩ ⇩ ⇩	⇩ ⇩ ⇩ ⇩ ⇩ ⇩ ⇩ ⇩
씨 ㅓ ㄹ ㅏ 지 ㅋ ㅓ ㄹ	써 ㄴ ㄷ ㅓ × 샤 ㅜ ㅓ ×
씨어라지컬	썬더샤우어

연·습·문·제 56

다음의 발음기호를 읽으시오.

1	2	3
[stɑpt]	[krest]	[frekl]
⇩⇩⇩⇩	⇩⇩⇩⇩	⇩⇩⇩⇩

4	5	6
[frend]	[teibl]	[skuːlz]
⇩⇩⇩ ⇩	⇩⇩⇩⇩	⇩ ⇩ ⇩⇩

7	8	9
[plænt]	[sæmplz]	[mikst]
⇩⇩⇩⇩	⇩⇩ ⇩⇩⇩	⇩⇩⇩⇩

10	11	12
[kʌntri]	[striːm]	[blækn]
⇩⇩ ⇩⇩⇩	⇩⇩⇩⇩ ⇩	⇩⇩⇩ ⇩⇩

13	14	15
[wiʃt] ⇩ ⇩ ⇩	[wɔnt] ⇩ ⇩ ⇩	[wumən] ⇩ ⇩ ⇩ ⇩

16	17	18
[juəz] ⇩ ⇩ ⇩	[jouk] ⇩ ⇩ ⇩	[ʃiŋgl] ⇩ ⇩ ⇩ ⇩

19	20	21
[swɜə] ⇩ ⇩ ⇩	[twiŋkl] ⇩ ⇩ ⇩ ⇩	[ʃæ lou] ⇩ ⇩ ⇩ ⇩

22	23	24
[trembl] ⇩ ⇩ ⇩ ⇩ ⇩	[ʃeikiŋ] ⇩ ⇩ ⇩ ⇩	[mezə] ⇩ ⇩ ⇩

25	26	27
[kræʃ]	[ʃeiv]	[seiv]
⇩⇩⇩	⇩⇩⇩	⇩⇩⇩⇩

28	29	30
[left]	[snoui]	[θruaut]
⇩⇩⇩⇩	⇩⇩⇩⇩⇩	⇩⇩⇩⇩⇩

31	32	33
[straik]	[blaind]	[spred]
⇩⇩⇩⇩⇩	⇩⇩⇩⇩⇩	⇩⇩⇩⇩⇩

34	35	36
[trʌbl]	[prinsipəl]	[groundlis]
⇩⇩⇩⇩	⇩⇩⇩⇩⇩⇩⇩	⇩⇩⇩⇩⇩⇩⇩⇩

반가운 영어

Phonics

발음기호 안 보고 읽기   03

ea, ee를 [i:]라고 읽는다. 드문 일이지만 ea를 [ei] 또는 [e]라고 읽는 경우도 있다.

sea (바다)	bean (콩)	need (필요하다)
⇩	⇩	⇩
i:	i:	i:
시	빈	니드

see (보다)	head (머리)	break (부수다)
⇩	⇩	⇩
i:	e	ei
시	헤드	브레이크

- 이것에 해당하는 말 : m**ea**n, b**ea**k, h**ea**l, h**ee**l, f**ee**l, m**ee**t, s**ee**d, t**ea**m, l**ea**d
- ea를 [e]라고 읽는 말 : br**ea**d, h**ea**ven, thr**ea**d, tr**ea**d, l**ea**d(납), d**ea**d

er, ir를 [ə:]로 읽는다. or, ur도 [ə:]로 읽는 경우가 있다.

leader	girl	killer	nurse
⇩ ⇩ ⇩ ⇩	⇩ ⇩ ⇩	⇩ ⇩ ⇩	⇩ ⇩ ⇩
ㄹ ㅣ ㄷ ㅓ	ㄱ ㅓ ㄹ	ㅋ ㅣ ㄹ ㅓ	ㄴ ㅓ ㅅ ×
리더	걸	킬러	너스

sir	doctor	teacher
⇩ ⇩	⇩ ⇩ ⇩ ⇩	⇩ ⇩ ⇩ ⇩
ㅅ ㅓ	ㄷ ㅏ ㅋ ㅌ ㅓ	ㅌ ㅣ ㅊ ㅓ
서	닥터	티처

- b**ur**n, t**ur**n, read**er**, b**ir**d, act**or**, m**ur**mur, h**er**, p**ur**se, old**er** oo는 [u:]로 읽는다. [u]로 읽는 경우도 있다. [ʌ]로 읽는 경우도 있지만 극히 드물다.

food	fool	moon	book
⇩ ⇩ ⇩	⇩ ⇩ ⇩	⇩ ⇩ ⇩	⇩ ⇩ ⇩
f u: d	f u: l	m u: n	b u k
푸드	풀	문	북

foot	cool	tool	예외	blood [blʌd] 피 flood [flʌd] 홍수
⇩ ⇩ ⇩	⇩ ⇩ ⇩	⇩ ⇩ ⇩		
f u t	k u: l	t u: l		
풋	쿨	툴		

- oo를 [u:]로 발음하는 말 : noon, soon, hoot, mood, boom, doom, room
- oo를 [u]로 발음하는 말 : took, look, nook, wood, shook, cook

ca-, co-, cu-, cl-, cr-인 경우에 c를 [k]로 발음한다. 그러나 ci-, ce-인 경우에는 c를 [s]로 발음한다.

cat	cop	cut	class
⇩ ⇩ ⇩	⇩ ⇩ ⇩	⇩ ⇩ ⇩	⇩ ⇩ ⇩ ⇩ ⇩
k æ t	k a p	k ʌ t	kl æ s
캣	캅	컷	클래스
고양이	순경	자르다	학급

cross	city	cell
⇩ ⇩ ⇩ ⇩	⇩ ⇩ ⇩ ⇩	⇩ ⇩ ⇩
k ɔ s	s i t i	s e l
크로스	시티	셀
십자가	도시	세포

- c를 [k]로 읽는 말 : cap (캡 =모자), cup (컵= 컾) , uncle (엉클 = 삼촌, 아저씨)
- c를 [s]로 읽는 말 : cent (센트 = 센트), center (센터 = 중앙, 중심부), circle (서클)원,

ar는 [a:]로 읽는다. or은 [ɔ:] 로 읽는다.

l**ar**k	c**ar**	**or**der	p**or**t
⇩ ⇩ ⇩	⇩ ⇩	⇩ ⇩ ⇩	⇩ ⇩ ⇩
l a: k	k a:	ɔ: d ə	p ɔ: t
라크	카	오더	포트
종달새	차	질서, 명령, 주문	항구

- d**ar**k (다크 = 어두운), b**ar**n (반 = 헛간), b**ar**k (바크 = 짖다)
- p**or**k (포크 = 돼지고기), c**or**d (코드 =끈, 코드), c**or**n (콘 = 옥수수), c**or**ner (코너 = 구석)

ch는 [tʃ=ㅊ] 으로 읽는다. 이따금 [k= ㅋ]으로 읽는 경우도 있다.

charm	tea**ch**er	te**ch**nic	s**ch**ool
⇩ ⇩ ⇩	⇩ ⇩ ⇩	⇩ ⇩ ⇩ ⇩	⇩ ⇩ ⇩
tʃ a: m	t i: tʃ ə	t e k n i k	s k u: l
참	티처	테크닉	스쿨
매력, 부적	선생, 교사	과학기술	학교

- ch를 [tʃ=ㅊ]으로 읽는 말 : ben**ch** (벤치= 긴 의사), **ch**ess (체스 =서양장기), **ch**eat (치트 = 속이다), **ch**eek (치크 = 빰), **ch**ew (츄 = 씹다) , **ch**in (친 = 턱)
- ch를 [k]로 읽는 말 : **ch**orus (코러스 = 합창), **ch**emist (케미스트 =화학자, 약제사), **ch**aos (케이아스 = 혼돈, 무질서), **ch**aracter (캐릭터 =특성, 인격, 캐릭터)

th는 [θ = ㅆ] 또는 [ð = ㄷ]으로 읽는다.

ma**th**	**th**ir**t**y	**th**is	**th**en
⇩ ⇩ ⇩	⇩ ⇩ ⇩⇩	⇩ ⇩⇩	⇩ ⇩⇩
m æ θ	θ ə: t i	ð i s	ð e n
매쓰	써티	디 스	덴
수학	30	이것	그때

- th를 [θ = ㅆ]으로 읽는 말 : **th**in (씬 = 얇은), **th**ink (씽크 = 생각하다), **th**ing (씽 = 사물, 물체), **th**orn (쏜 = 가시), **th**ree (쓰리 = 셋), **th**rill (쓰릴 = 전율)
- th를 [ð]로 읽는 말 : **th**at, bro**th**er, fa**th**er, mo**th**er

ng는 [ŋ = ㅇ]으로 읽는다.

lo**ng**	si**ng**	ba**ng**	ha**ng**
⇩⇩ ⇩	⇩⇩ ⇩	⇩⇩ ⇩	⇩⇩ ⇩
l ɔ: ŋ	s i ŋ	b æ ŋ	h æ ŋ
롱	싱	뱅	행
긴, 오랜	노래하다	꽝, 쿵, 딱	매달다

- ng가 [ŋ = ㅇ]으로 발음되는 말 ➡ ri**ng** (링 = 울리다), so**ng** (송 = 노래) di**ng**do**ng** (딩동 = 땡땡), thi**ng** (씽 = 사물, 물체), bri**ng** (브링 = 가져오다)

n은 우리글자『ㄴ』에 해당한다. 그러나 다음의 경우에는 n을 [ŋ]으로 읽는다.

(a) k자 앞에 있는 n : 보기) ink 잉크
(b) g자 앞에 있는 n : 단, 이 경우 g자가 [ㄱ]으로 발음될 때. 보기) single 싱글
그러나 n뒤에 있는 g를 [ㅈ]으로 읽는 경우에는 n은『ㄴ』에 해당한다.
보기) danger [deindʒə 데인저] 위험
(c) c자 앞에 있는 n : 단 이 경우 c자가 [k]로 발음될 때. 보기) uncle 엉클
n자 뒤에 있는 c가 [s]로 발음되는 경우에는 n을『ㄴ』으로 읽어야한다.
보기) pencil(펜슬) 연필
c자 뒤에 i자가 오면 c는 ㅅ에 해당한다.

ba**n**k	a**n**ger	si**n**k	fi**n**ger
b æ ŋ k	æ ŋ g ə	s i ŋ k	f i ŋ g ə
뱅크	앵거	싱크	핑거
은행, 둑	분노, 화	침몰하다	손가락

-tion, -ssion, -shion 은 [ʃən = 션]으로 읽는다. -sion은 [ʒən =젼]으로 읽는 것도 있고 [션]으로 읽는 것도 있다.

sta**tion**	mi**ssion**	fa**shion**	fu**sion**
s t ei ʃən	m i ʃən	f æ ʃən	f ju: ʒən
스테이션	미션	패션	퓨젼
정거장	사명	유행	용해, 연합

g는 다음과 같이 읽는다.

(a) g뒤에 a, o, u, l, r이 오면 g = ㄱ
(b) g뒤에 e, i , y자가 오면 『ㄱ』으로 읽는 것과 『ʤ=ㅈ』으로 읽는 것이 있다.

go	gun	gate	glass
⇩ ⇩	⇩ ⇩ ⇩	⇩ ⇩ ⇩ ⇩	⇩ ⇩ ⇩ ⇩
g ou	g ʌ n	g ei t ×	g l æ s
고우	건	게이트	글래스
가다	총	대문	유리

give	giant	get
⇩ ⇩ ⇩ ⇩	⇩ ⇩ ⇩ ⇩ ⇩	⇩ ⇩ ⇩
g i v ×	ʤ ai ə n t	g e t
기브	자이언트	겟
주다	거인	얻다, 되다

gentle	Gypsy	ginger
⇩ ⇩ ⇩ ⇩ ⇩	⇩ ⇩ ⇩ ⇩	⇩ ⇩ ⇩ ⇩ ⇩
ʤ e n t l ×	ʤ i p s i	ʤ i n ʤ ə
젠틀	짚시	진저
상냥한	짚시, 방랑인	생강

a, e, i, o, u 읽기

	㉠	㉡	㉢	㉣	끝에 있는 e는 묵음이다. (묵음 = 발음되지 않는 소리)
(a-1)	h	a	t	e	e로 끝나면 e는 읽지 않고 ㉡칸에 있는 글자를 알파벳의 이름으로 읽는다. 즉 a를 [ei=에이]라고 읽는다. 그러므로 hate를 [heit =헤이트]라고 읽는다.
(a-2)	h	a	t		hat는 [hæt =햇]이라고 읽는다. * hate 미워하다 * hat 모자
(e-1)	P	e	t	e	e로 끝났으므로 ㉡칸에 있는 e를 [i:=이]라고 읽어야 한다. 그러므로 Pete를 [pi:t =피트]라고 읽는다.
(e-2)	p	e	t		pet은 [pet]라고 읽는다. * Pete 남자 이름 * pet 애완동물
(i-1)	p	i	n	e	e로 끝났으므로 ㉡칸에 있는 i를 [ai]라고 읽어야 한다. 그러므로 pine을 [pain =파인]이라고 읽는다.
(i-2)	p	i	n		pin은 [pin=핀]으로 읽는다. * pine 소나무 * pin 핀, 장식바늘
(o-1)	h	o	p	e	e로 끝났으므로 ㉡칸에 있는 o를 [ou=오우]라고 읽어야 한다. 그러므로 hope를 [houp =호우프]라고 읽는다. * hope 희망
(o-2)	h	o	p		hop는 [hop=홉] 또는 [hap = 합]이라고 읽는다. * hop 깡충 깡충 뛰다
(u-1)	c	u	t	e	e로 끝났으므로 ㉡칸에 있는 u를 [ju: =유]라고 읽어야 한다. 그러므로 cute를 [kju:t =큐트]라고 읽는다.
(u-2)	c	u	t		cut는 [kʌt =캍]으로 읽는다. * cute 날렵한 * cut 자르다

㉠칸에 있는 말을 아버지라 가정하고 ㉡칸에 있는 말을 딸이라고 가정하며 ㉢칸에 있는 말을 어머니라 가정하고 ㉣칸에 있는 말을 손님이라고 가정해 보자.

숙희의 집에 손님이 왔다. 손님 앞에서는 숙희의 부모는 숙희를 『숙아』 또는 『희야』식으로 애칭으로 부르면 안 된다. 손님 앞에서는 딸의 본명 즉, 호적상의 이름으로 부르는 것이 예의 바른 행위다. 즉, 『숙희야』라고 불러야 교양 있는 가정이다. 그리고 손님은 가급적 입을 다물고 있는 것이 좋다. 끝에 있는 e는 손님에 해당하므로 아무 소리도 내지 않는 것이 좋다.

A의 호적상의 이름은 [ei]이고 E의 호적상의 이름은 [i:]이며 i의 호적이름은 [ai]이며 O의 호적이름은 [ou]이며 U의 호적에 올라있는 이름은 [ju:]이다.

일상적으로 가장 많이 사용되는 소수의 단어는 예외다. 예를 들면 have는 [heiv]가 아니고 [hæv]이다. 아래의 단어는 예외에 속한다.

	옳은 것	틀린 것	뜻
love	[lʌv]	[louv]	사랑하다
live	[liv]	[laiv]	살다
give	[giv]	[gaiv]	주다
come	[kʌm]	[koum]	오다, (상대한테) 가다
done	[dʌn]	[doun]	완료된, 끝난
gone	[gɔ:n]	[goun]	가버린, 사라진, 지나간
some	[səm]	[soum]	약간, 어떤
rule	[ru:l]	[rju:l]	규율, 규칙

다음의 단어를 읽어보자.

a자 읽기 : ※ 끝에 있는 e자는 묵음(默音)이다.

bake [beik]	rate [reit]	tape [teip]	fate [feit]
bat [bæt]	rat [ræt]	tap [tæp]	fat [fæt]

e자 읽기 : ※ 끝에 있는 e자는 묵음이다.

complete [kəmplí:t]	compete [kəmpí:t]	meter [mi:tə] 100cm
let [let] 허락하다	pet [pet] 애완동물	met [met] 만났다

i자 읽기 : ※ 끝에 있는 e자는 묵음이다.

bite [bait]	dime [daim]	fine [fain]	hide [haid]
bit [bit]	dim [dim]	fin [fin]	hid [hid]

O자 읽기 : ※ 끝에 있는 e자는 묵음이다.

note [nout]	cope [koup]	tone [toun]	sole [soul]
not [nɑt]	cop [kɔp, kap]	ton [tɔn]	top [tɔp, tap]

sh는 [ʃ]로 읽는다.

shake	push	shine	shame
⇩ ⇩ ⇩ ⇩	⇩ ⇩ ⇩	⇩ ⇩⇩ ⇩	⇩ ⇩ ⇩ ⇩
ʃ ei k ×	p u ʃ	ʃ ai n ×	ʃ ei m ×
쉐이크	푸쉬	샤인	쉐임
흔들다	밀다	빛나다	수치심

ph는 [f]로 읽는다.

graph	phantom	physician
⇩⇩⇩ ⇩	⇩ ⇩⇩⇩⇩	⇩ ⇩ ⇩⇩ ⇩
g r æ f	f æ n t ə m	f i z i ʃə n
그래프	팬텀	피지션
도표	유령	의사, 내과 의사

같은 글자가 겹치면 그 글자 하나만 읽는다. ll, nn, mm, ss, tt, pp, dd, bb

runner	summer	pebble	chatter
⇩ ⇩ ⇩ ⇩	⇩ ⇩ ⇩ ⇩	⇩ ⇩ ⇩ ⇩ ⇩	⇩ ⇩ ⇩ ⇩
r ʌ n ə	s ʌ m ə	p e b l ×	tʃ æ t ə
러너	서머	페블	채터
주자, 달리는 자	여름	자갈	지저귀다

all은 [ɔːl]이라고 읽는다.

all	tall	call	ball	fall
⇩	⇩ ⇩	⇩ ⇩	⇩ ⇩	⇩ ⇩
ɔːl	t ɔːl	k ɔːl	b ɔːl	f ɔːl
올	톨	콜	볼	폴
모든	(키가) 큰	부르다	공	떨어지다

igh인 경우에는 gh는 묵음이고 i는 [ai]라고 읽는다.

fight	light	right	night
⇩ ⇩ ⇩	⇩ ⇩ ⇩	⇩ ⇩ ⇩	⇩ ⇩ ⇩
f ai × t	l ai × t	r ai × t	n ai × t
파이트	라이트	라이트	나이트
싸우다	빛, 가벼운	옳은, 오른 쪽	밤

ough, augh인 경우에는 gh를 [f]로 읽는 것도 있고 묵음인 경우도 있다. 이 경우 au, ou의 발음은 일정하지 않다.

taught	laugh	brought	tough
⇩ ⇩ ⇩ ⇩	⇩ ⇩ ⇩	⇩ ⇩ ⇩ ⇩	⇩ ⇩ ⇩
t ɔː × t	l æ f	b r ɔː × t	t ʌ f
토트	래프	브로트	터프
가르쳤다	웃다	가져왔다	질긴, 끈질긴

ai는 [ei]라고 읽는다.

p**ain**	v**ain**	g**ain**	r**ain**
⇩ ⇩ ⇩	⇩ ⇩ ⇩	⇩ ⇩ ⇩	⇩ ⇩ ⇩
p ei n	v ei n	g ei n	r ei n
페인	베인	게인	레인
고통	헛된	얻다	비

어떤 단어에 land를 붙여 한 단어가 되면 land를 [lənd]로 읽는다.

isl**and**	**I**cel**and**	Greenl**and**
⇩ ⇩ ⇩ ⇩ ⇩	⇩ ⇩ ⇩ ⇩ ⇩	⇩ ⇩ ⇩ ⇩ ⇩ ⇩ ⇩
ai × l ə n d	ai s × l ə n d	g r i: n l ə n d
아이런드	아이스런드	그린런드
섬	아이슬란드	그린란드

- dreamland (꿈의 나라, 유토피아)처럼 실존하는 육지가 아니고 추상적인 것이면 [lænd]라고 읽는다. 즉 『드림런드』가 아니라 『드림랜드』이다.

어떤 말의 끝에 man [mæn]을 붙이면 [mən]이라고 읽는 것이 많다. 그러나 man을 붙여도 사람이 아니면 [mæn]이라고 읽는다. 눈사람(snowman)은 사람이 아니다.

wom**an**	chairm**an**	gentlem**an**	superm**an**
⇩ ⇩ ⇩	⇩ ⇩ ⇩	⇩ ⇩ ⇩ ⇩ ⇩ ⇩	⇩ ⇩ ⇩ ⇩ ⇩
w u m ə n	tʃ ɛə m ə n	dʒ e n t l × m ə n	su: p ə m æn
우우먼	체어먼	젠틀먼	수퍼맨
여자, 부인	의장	신사	초인간

* postman [póustmən] = mailman [méilmæn] 우편집배원
* Englishman [~mən]   * godman [gádmæn] 반신반인(半神半人)

n자 앞에 있는 k나 g는 묵음이다.

knife	know	knock	gnaw
⇩ ⇩ ⇩ ⇩	⇩ ⇩ ⇩	⇩ ⇩ ⇩ ⇩	⇩ ⇩ ⇩
× n a if ×	× n ou	× n a k	× n ɔ:
나이프	노우	낙, 나크	노~
칼	알다	치다	갉아먹다

-ous는 [əs]로 읽고, -ire는 [aiə]로 읽는다.

famous	piteous	tire	fire
⇩ ⇩ ⇩ ⇩	⇩ ⇩ ⇩ ⇩	⇩ ⇩	⇩ ⇩
f ei m ə s	p i t i ə s	t aiə	f aiə
페이머스	피티어스	타이어	파이어
유명한	불쌍한	타이어	불

- -ous를 가진 말들 : danger**ous** [데인저러스] 위험한   * furi**ous** (퓨리어스 = 성난)
- -ire를 가진 말들 : ent**ire** [엔타이어] 완전한, 흠 없는   * ret**ire** (리타이어= 은퇴하다)

-ture는 [tʃə]라고 읽다.

future	furniture	nature	venture
⇩ ⇩	⇩ ⇩ ⇩	⇩ ⇩	⇩ ⇩ ⇩
f ju: tʃə	f ə: ni tʃə	n ei tʃə	v e n tʃə
퓨처	퍼니처	네이처	벤처
미래	가구	자연	모험

-air, -are는 [εə]라고 읽는다.

rare	fare	fair	hair
⇩　⇩	⇩　⇩	⇩　⇩	⇩　⇩
r　εə	f　εə	f　εə	h　εə
레어	페어	페어	헤어
드문	찻삯, 운임	공정한	머리털

-age는 [idʒ]라고 읽는다.   * age [eidʒ= 에이지]는 『나이, 시대』이다.

manage	baggage	damage	garage
⇩　⇩　⇩	⇩　⇩　⇩	⇩　⇩　⇩	⇩　⇩　⇩
m æ n　idʒ	b æ g　idʒ	d æ m　idʒ	g æ r　idʒ
매니지	배기지	대미지	개리지
경영하다	수하물	손해, 손상	차고

속담

"No pains, no gains"

노고 없으면 낙도 없다.

* pain [pein] 고통   *pains 노고, 노력, 수고
* gain [gein] 이익, 이득 / (노력하여) 획득하다, 얻다

연·습·문·제 57

다음의 발음기호를 읽으시오.

	발음기호	답란		발음기호	답란
1	[krei]		21	[steiʃən]	
2	[skai]		22	[heitrid]	
3	[kli:n]		23	[autsaid]	
4	[midl]		24	[pleʒə]	
5	[drɔ:iŋ]		25	[viʒən]	
6	[tekst]		26	[televiʒən]	
7	[nekst]		27	[ʌnsə:tn]	
8	[sti:lz]		28	[ju:nifikeiʃən]	
9	[straik]		29	[stimjuleit]	
10	[twiŋkl]		30	[ju:nivə:siti]	
11	[ədmit]		31	[streindʒə]	
12	[rifju:z]		32	[strɔ:beri]	
13	[bju:ti]		33	[ætməsfiə]	
14	[spriŋkl]		34	[benifiʃəl]	
15	[dʒʌstis]		35	[filasəfi]	
16	[dʒentl]		36	[əpa:tmənt]	
17	[θɔ:tlis]		37	[welθi]	
18	[mauθ]		38	[weðə]	
19	[wiðaut]		39	[wɔ:ði]	
20	[miʃən]		40	[sprei]	

연·습·문·제 58

다음의 단어를 읽으시오.

1	lake		21	beak	
2	lane		22	been	
3	late		23	seen	
4	name		24	seem	
5	cake		25	cool	
6	make		26	threat	
7	pale		27	treat	
8	dad		28	city	
9	fan		29	center	
10	nap		30	summer	
11	map		31	middle	
12	nine		32	sir	
13	pine		33	leader	
14	tile		34	brother	
15	Nile		35	class	
16	bite		36	moon	
17	bit		37	dark	
18	fin		38	order	
19	cone		39	dirty	
20	note		40	feature	

연·습·문·제 59

다음의 단어를 읽으시오.

1	bank		21	prepare
2	kind		22	phrase
3	single		23	grace
4	sink		24	manage
5	sand		25	future
6	thank		26	inland
7	than		27	chairman
8	finger		28	painful
9	give		29	sailor
10	ginger		30	call
11	gift		31	shape
12	get		32	mission
13	German		33	invention
14	gentle		34	girdle
15	geography		35	glare
16	phone		36	glorious
17	laugh		37	gnarl
18	high		38	theater
19	tight		39	thing
20	tough		40	weather

숟가락이 되지 말고 혀가 되어라.

숟가락은 아무리 맛있는 국물 속에 온종일 담가 놓아도 그 국물 맛을 모른다. 그러나 혀는 어떤가? 그 끝에 한 방울만 떨어뜨려도 그 국물 맛을 안다. 어리석은 사람은 숟가락과 같아서 축복의 한 가운데 살아도 그 축복을 모른다. 슬기로운 사람은 혀와 같아서 지극히 작은 축복이라도 감지하고 감사하며 살아간다.

155쪽 수수께끼의 답: 널, 관(棺) / 영어로는 coffin

격언

"Man's life is a progress, and not a station"

인생은 끊임없이 전진해야지 정지해 있으면 안 된다.

직역: 사람의 일생은 중단 없는 전진이지 (머물기 위한) 정거장이 아니다

* life [laif] 일생, 생활, 생명   * progress [prágres] 전진
* station [stéiʃən] 정거장, 역, 주둔지

- 해답 및 풀이 -

연습문제 1

(1) 그녀는 ⇨ 원한다 ⇨ 한대의 차
(2) 우리들은 ⇨ 안다 ⇨ 그 소녀
(3) 나는 ⇨ 좋아한다 ⇨ 너
(4) 나는 ⇨ 배운다 ⇨ 영어

연습문제 2

(1) tom ⇨ Tom
(2) like ⇨ likes
(3) cars ⇨ car
(4) dog ⇨ a dog
(5) english ⇨ English
(6) they ⇨ They
(7) learns ⇨ learn
(8) has ⇨ have
(9) haves ⇨ has
(10) have ⇨ has
(11) the ⇨ The
(12) has ⇨ have

연습문제 3

(1) I like Jane.
(2) We learn English.
(3) She learns English.
(4) Tom likes Jane.
(5) They know the boy.
(6) He knows the boy.
(7) Tom helps Jane.
(8) I help Tom.
(9) We help Tom.
(10) He has a dog.
(11) I learn English.
(12) They like the teacher.
(13) The teacher likes Tom.
(14) The teachers like Tom.
(15) The boy likes the teacher.
(16) The boy likes the teachers.
(17) They want a car.
(18) Tom wants a car.

(19) Jane knows the teacher.
(20) I know the teacher.
(21) I visit the teacher.
(22) Jane visits the teacher.
(23) The teachers help the girl.
(24) She has a car.
(25) I meet the teacher.
(26) Tom likes Korea.

(27) She wants a house.
(28) They want a house.
(29) I have a dream.
(30) We have an appointment.

연습문제 4

(1) in Korea
(2) to Korea
(3) for Jane
(4) with Jane
(5) with a pencil= in pencil
(6) about Korea
(7) to Tom
(8) for Tom
(9) to the house
(10) in the house
(11) at ten (o'clock)
(12) in the box

연습문제 5

(1) gos ⇨ goes
(2) studys ⇨ studies
(3) every day to Seoul ⇨ to Seoul every day
(4) like ⇨ likes
(5) likes ⇨ like
(6) to ⇨ in
(7) in ⇨ to
(8) crys ⇨ cries
(9) plaies ⇨ plays

연습문제 6

(1) She gets up early.
(2) We get up early.
(3) I go to bed at ten.
(4) He goes to school at eight.
(5) They go to school at nine.
(6) I have two cars.
(7) He has a car.
(8) Susan studies English with Min-hee.
(9) I study English with Susan every day.
(10) We study English very hard.

(11) I study English hard in the library with Susan every day.
(12) The teacher goes to the park every day.
(13) She visits many houses every day.
(14) Jane studies English with Tom every day.
(15) She writes English very well.
(16) They play in the park with Tom every day.
(17) They play soccer every day.
(18) They play soccer on the playground every day.
(19) She works in the garden.
(20) I work for you every day.

(21) I have ten books.
(22) I have four books in the bag.
(23) She gets up at six every day.
(24) We live in Seoul.
(25) The teacher goes to Seoul with Susan.
(26) We write with a pencil. (= We write in pencil.)
(27) She speaks English very well.
(28) She studies about Korea.
(29) I know the teacher very well.
(30) I work in the field with Tom every day.

연습문제 7

(1) I ⇨ me
(2) gets ⇨ get
(3) she ⇨ her
(4) Tom ⇨ Tom's
(5) you ⇨ your
(6) them ⇨ their
(7) book ⇨ books
(8) gos ⇨ goes
(9) many ⇨ much
(10) he ⇨ him
(11) he ⇨ him
(12) about korea much ⇨ a lot about Korea
(13) very ⇨ very much
(14) I ⇨ me
(15) books many ⇨ many books
(16) me ⇨ my

(17) she ⇨ her   (18) much ⇨ many
(19) want ⇨ wants   (20) studys ⇨ studies
(21) plaies ⇨ plays   (22) many ⇨ much
(23) hate ⇨ hates   (24) calls on ⇨ call on
(25) help ⇨ helps   (26) I ⇨ my/ him ⇨ his
(27) relys ⇨ relies   (28) ladys ⇨ ladies
(29) Me ⇨ My / plays ⇨ play   (30) she ⇨ her

연습문제 8

(1) with us   (2) for him
(3) about them   (4) with me
(5) to me   (6) about my mother
(7) about our country   (8) about me
(9) to my house   (10) with them

(11) My mother loves me very much.   (12) His (elder) brother knows us very well.
(13) We know his (elder) brother.   (14) The boy likes his brother very much.
(15) The girl likes her sister very much.   (16) They love their mother very much.
(17) They like us very much.   (18) We like them.
(19) Our father likes their father.   (20) He likes her.
(21) She likes him.   (22) Her sister likes his brother.
(23) She meets me every day.   (24) I meet her every day.
(25) This student (pupil) has many books.   (26) I study in the library with my brother.
(27) My brother studies English very hard. (28) Her father reads many books.
(29) She phones (to) her mother every day. (30) My mother has (her) breakfast at eight.

(31) My mother has breakfast with me at eight.
(32) The farmer has a farm.   (33) Her brother studies about our country.
(34) My father works with your father.
(35) That girl lives in this house with her aunt.
(36) I need many apples.   (37) She wants much money.

(38) He helps us.　　　　　　　(39) We help them.
(40) The boys play soccer on the playground every day.
(41) I swim in the river every day.　　(42) I go to the park with him every day.
(43) Our teacher likes us.　　　　(44) They know us very well.
(45) We know a lot about them.　　(46) Mr Kim (= Mr. Kim) needs much money.

연습문제 9

(1) Do　　(2) Do　　(3) Does　　(4) Does　　(5) Do
(6) Does　(7) Does　(8) Do　　　(9) Does　　(10) Do

연습문제 10

(1) Does Mr. Kim swim very well?　　(2) Does Tom like apples?
(3) Does she want a car?　　　　　　(4) Do you know my father?
(5) Does the doctor help you?　　　　(6) Do the doctors help you?
(7) Does the student study English very hard?
(8) Do the students study English very hard?
(9) Does your father need a car?　　(10) Do Tom and Jane love each other?

연습문제 11

(1) I　　(2) he　　(3) he　　(4) they　　(5) she

연습문제 12

(1-a) Tom goes to school at eight every day.
(1-b) Does Tom go to school at eight every day?
(2-a) Your mother gets up early.　　　(2-b) Does your mother get up early?
(3-a) You know my brother.　　　(3-b) Do you know my brother?
(4-a) The girl studies English hard.　　　(4-b) Does the girl study English hard ?
(5-a) The pupils (또는 The students) play the piano very well.
(5-b) Do the pupils play the piano very well ?

(6-a)　They live in Seoul.　　　(6-b)　Do they live in Seoul?
(7-a)　My teacher lives in this house.　(7-b)　Does your teacher live in this house?
(8-a)　They know us.　　　(8-b)　Do they know us?
(9-a)　She hates him.　　　(9-b)　Does she hate him?
(10-a)　She has much money.　　　(10-b)　Does she have much money?
(11-a)　Susan goes to school with me.　(11-b)　Does Susan go to school with you?

(12-a)　Your pupils like you.　　　(12-b)　Do your pupils like you?
(13-a)　Our father works hard for us.　　(13-b)　Does your father work hard for you?
(14-a)　The student reads many books.　(14-b)　Does the student read many books?
(15-a)　Your uncle lives in Seoul.　　　(15-b)　Does your uncle live in Seoul?

(16-a) Tom and Jane swim very well.　(16-b) Do Tom and Jane swim very well?
(17-a) The doctors help many students. (17-b) Do the doctors help many students?
(18-a) I meet her every day.　　　(18-b) Do you meet her every day?
(19-a) My sister and brother want a car. (19-b) Do your sister and brother want a car?
(20-a) They swim in the river every day. (20-b) Do they swim in the river every day?
(21-a) I love (또는 admire) him.　　　(21-b) Do you love him?

(22-a) They build a lot of (또는 a number of, 또는 many) houses every year.
(22-b) Do they build many houses every year?
(23-a) He makes shoes every day.　　(23-b) Does he make shoes every day?

연습문제 13

(1-a) My father needs a car.   (1-b) Does your father need a car?
(1-c) What does your father need?
(2-a) His uncle lives in Busan.   (2-b) Does his uncle live in Busan?
(2-c) Where does his uncle live?
(3-a) This student likes baseball.   (3-b) Does this student like baseball?
(3-c) What does this student like?
(4-a) Her aunt goes to Seoul every day. (4-b) Does her aunt go to Seoul every day?
(4-c) Where does her aunt go every day?

(5)   Where do you play every day?   (6)   What do you have in your hand?
(7)   What do you need?   (8)   Where do you study?

연습문제 14

(1-a) She likes Tom.   (1-b) Does she like Tom?
(1-c) Who (또는Whom) does she like ? (1-d) Who likes her?
(2-a) Susan meets Mi-young every day. (2-b) Does Susan meet Mi-young every day?
(2-c) Who (또는Whom) does Susan meet every day ?
(2-d) Who meets Mi-young every day?

(3-a) Tom's sister helps Jane's sister.   (3-b) Does Tom's sister help Jane's sister?
(3-c) Whose sister does Tom's sister help? (3-d) Whose sister helps Jane's sister?

(4-a)   Who (또는 Whom) does your brother visit?
(4-b)   Who visits your brother today ?
(4-c)   Whose brother does your brother visit today ?
(4-d)   Whose brother visits your brother today ?

(5-a) Tom's father goes to the farm every day.
(5-b) Does Tom's father go to the farm every day?
(5-c) Where does Tom's father go every day?
(5-d) Whose father goes to the farm every day?

(6-a) She works hard for you.
(6-b) Does she work hard for you?
(6-c) Who works hard for you?
(6-d) Who(m) does she work hard for?
 = For whom does she work hard?

(7-a) Do you have an appointment?
(7-b) Yes, I do.
(7-c) No, I don't.
(8-a) Do the students respect (=look up to) the teacher ?
(8-b) Yes, they do.
(8-c) No, they don't.
(8-d) Who(m) do the students respect?
(8-e) Who respects the teacher?

연습문제 15

(1) What time does Jane get up?
(2) Who helps you?
(3) Whose father helps you?
(4) How do you go to school?
(5) Where does your uncle live?
(6) When does Tom come here?
(7) What do you need?
(8) How many dollars do you have?
(9) Who do you love ? 또는 Whom do you love?
(10) Which necktie do you want ?

연습문제 16

(1) 너는 한 달에 책을 몇 권 읽느냐?
(2) 당신은 학생 몇 명을 가르치느냐?
(3) 너는 한 달에 도서관에 몇 번 가느냐?
(4) 너는 무슨 책을 원하느냐?
(5) 너는 어느 차를 원하느냐?
(6) 어느 선생님이 너를 가르치느냐?
(7) 너는 무슨 동물을 좋아하느냐?
(8) 너는 왜 그녀를 사랑하느냐?
(9) 너는 왜 시골에 사느냐?
(10) 너는 돈이 얼마 필요하냐?

연습문제 17

(1-a) Tom leaves Seoul at five.   (1-b) Does Tom leave Seoul at five?
(1-c) What time does Tom leave Seoul?   (1-d) Who leaves Seoul at five?
(2-a) Tom's grandmother goes to Busan by train tomorrow.
(2-b) Does Tom's grandmother go to Busan by train tomorrow?
(2-c) How does Tom's grandmother go to Busan tomorrow?
(2-d) When does Tom's grandmother go to Busan?

(3-a) Jane reads three books a month.   (3-b) Does Jane read three books a month?
(3-c) How many books does Jane read a month?
(3-d) How many books does Jane buy a month?
(4-a) Susan has ten dollars.   (4-b) Does Susan have ten dollars?
(4-c) How many dollars does Susan have?   (4-d) How much money does Susan have?
(5-a) Do you hate Tom?   (5-b) Why do you hate Tom?
(5-c) Why do you need much money?   (5-d) Why do you learn English?

(6-a) Ten people live in that house.   (6-b) How many people live in that house?
(6-c) Which house do you live in?
(7-a) Jane likes roses.   (7-b) What flowers does Jane like?
　　　　　　　　　　　　　　　　(= What kind of flower does Jane like?)
(8-a) Who despises (= looks down on) us?   (8-b) Why do they look down on you?
(9-a) Why does she work so hard?   (9-b) Who do you work so hard for?
　　　　　　　　　　　　　　　　= For whom do you work so hard?
(10-a) Which horse do you want?   (10-b) Which do you want?
(10-c) What do you want?   (10-d) Why do you want this horse?

* kind 종류

연습문제 18

(1) she ➪ her
(2) he ➪ him
(3) to ➪ in
(4) helps ➪ help
(5) they ➪ them
(6) many ➪ much
(7) much ➪ many
(8) book ➪ books
(9) have ➪ has
(10) him ➪ his
(11) does ➪ do
(12) who ➪ whom
(13) does like ➪ likes
(14) he ➪ him
(15) seoul ➪ Seoul
(16) gos ➪ goes

(17) jane ➪ Jane
(18) every day at six ➪ at six every day
(19) Who ➪ Whose
(20) they ➪ them
(21) plaies ➪ plays
(22) studys ➪ studies
(23) we ➪ us
(24) works ➪ work
(25) How ➪ What
(26) a ➪ an
(27) A time ➪ An hour
(28) does help ➪ helps
(29) we ➪ us
(30) I ➪ me
(31) a ➪ an
(32) have ➪ has

연습문제 19

(1-a) He has a bike.
(1-b) Does he have a bike?
(2-a) I believe you.
(2-b) Do you believe me?
(3-a) They like us.
(3-b) We like them.
(4-a) Tom goes to bed at eleven.
(4-b) Does Tom go to bed at eleven?
(4-c) What time does Tom go to bed?
(5-a) He loves her.
(5-b) She loves him.

(6-a) We support them.
(6-b) They support us.
(6-c) Their father supports our father.
(7-a) Tom lives in this house.
(7-b) Does Tom live in this house?
(7-c) Where does Tom live?
(7-d) Which house does Tom live in?
(7-e) Who lives in this house?

(8-a) Tom goes to Busan by bus at four this afternoon.
(8-b) Does Tom go to Busan by bus at four this afternoon?
(8-c) When does Tom go to Busan ?
(8-d) What time does Tom get to Busan? (= What time does Tom arrive in Busan?)
(8-e) How does Tom go to Busan this afternoon?
(8-f) Who goes to Busan this afternoon?

(9-a) The boy's father goes to the country every day.
(9-b) Does the boy's father go to the country every day?
(9-c) Where does the boy's father go every day?
(9-d) Whose father goes to the country every day ?
(9-e) Why does the boy's father go to the country every day ?

(10-a) She leaves Seoul this morning.   (10-b) Does she leave Seoul this morning?
(10-c) When does she leave Seoul?   (10-d) Why does she leave Seoul?
(11-a) Who(m) do you help?   (11-b) Who helps you?
(11-c) Whose father helps you?

(12-a) Whose father do you call on (=visit)?   (12-b) Whose father calls on you?
(12-c) Who(m) do you call on?   (12-d) Who calls on you?
(13-a) How many people live in the village?
(13-b) How many trees do you plant every year?
(13-c) How many students do you teach?
(13-d) How many students visit (= call on) you today?
　　　　※ How many students do visit you today?가 아니다.
(14-a) Why do you like the liar?   (14-b) Who likes the liar ?

연습문제 20

(1) My sister does not study very hard. <나의 누나는 매우 열심히 공부하지는 않는다>
(2) We do not need much money. <우리들은 많은 돈이 필요한 것은 아니다>
(3) Tom's brother does not need a car.
(4) Tom and Jane do not go to bed early.
(5) I do not go to school by bus.
(6) Mr. Brown does not play tennis very well.
 <브라운 씨는 정구(테니스)를 매우 잘 치지는 못한다>
(7) She does not like me.
(8) He does not love her.
(9) My father does not eat an apple every day.
 <나의 아버지는 날마다 사과를 먹는 것은 아니다>
(10) I have no dream. (I do not have a dream은 피할 것)

연습문제 21

(1-a) Mr. Brown studies about Korea.   (1-b) Mr. Brown does not study about Korea.
(2-a) We like baseball.   (2-b) We do not like baseball.
(3-a) Susan goes to bed late.   (3-b) Susan does not go to bed late.
(4-a) She wants much money.   (4-b) She does not want much money.
(5-a) He goes to the library every day.   (5-b) He does not go to the library every day.
(6-a) Tom plays the piano very well.   (6-b) Tom does not play the piano very well.

(7-a) I have much money.   ※ I have a lot of money가 더 좋음.
(7-b) I do not have much money.   ※ I have no much money.는 안 됨
(7-c) I have no money.   ※ I do not have money.는 피할 것
(8-a) Tom has three brothers.
(8-b) Tom has no brother(s).   Tom has no pianos.는 불가
(8-c) How many brothers does Tom have?
(9-a) I need much food.   ※ I need a lot of food가 더 좋음
(9-b) I do not need much food.
 ※ I do not have a lot of food는 불가 / 부정문에서는 a lot of를 사용하지 않는다.

(9-c)   I need nothing.   (10)   I ate nothing.
(11)   I have no family.   ※ I do not have family.는 피할 것
(12)   I have no time.   ※ I do not have time.은 피할 것

연습문제 22

(1)   ⓒ   (2)   ⓒ   (3)   ⓑ

연습문제 23

(1-a)   Don't you go to school by bus?
(1-b)   Yes, I do.   (1-c)   No, I don't.
(2-a)   Doesn't your father make much money?
(2-b)   No, he doesn't.   (2-c)   Yes, he does.
(3-a)   Doesn't your sister study hard?
(3-b)   No, she doesn't.   (3-c)   Yes, she does.

연습문제 24

(1)   She always gets up at six.   (2)   I sometimes go to school on foot.
(3)   His mother generally goes to bed at ten.
(4)   I often go to the library.
(5)   She frequently goes to the library. = She goes to the library frequently.
(6)   I occasionally go to school by taxi.   (7)   I rarely meet her.
(8)   I seldom meet her.   (9)   I usually go to bed at eleven.
(10) The teacher never flogs his pupils.

(11) Does her (elder) brother often go to Gunsan?   Yes, he does.
(12) Does her brother sometimes go to Gunsan?   Yes, he does.
(13) Does she always go to school on foot?   Yes, she does.

(14) Don't you like milk?
　　안 좋아한다는 대답 : **No, I don't.**　　　좋아한다는 대답 : **Yes, I do.**
(15) Do you often visit her?
　　자주 방문한다는 대답 : **Yes, I do.**　　아니라는 대답 : **No, I seldom visit her.**
(16) Do you often cook, Min-hee?
　　자주 요리한다는 대답 : **Yes, I do.**　　아니라는 대답 : **No, I cook very seldom.**
　　　　　　　　　　　　　　　　　　※ **very seldom**은 일반적으로 문장의 뒤에 사용함

(17) I sometimes go for a walk with Tom.
(18) I sometimes come across Tom at the station.
(19) Tom seldom visits me.　　　　(20) I sometimes phone (to) Tom.
(21) I sometimes forget my promise.　(22) I never get up late.
(23) I always open the door at eight.　(24) She seldom (rarely) calls (phones) me.
(25) They always criticize us.　　　(26) She sometimes praises me to the skies.

연습문제 25

(1-a)　Close the window.　　　　(1-b)　Please close the window.
(1-c)　Don't close the window.　　(1-d)　Tom, close the window.
(1-e)　Tom, don't close the window.　(1-f)　Tom, please don't close the window.

(2-a)　Study hard.　　　　　　　(2-b)　Please study hard.
(2-c)　Boys, study hard.　　　　 (2-d)　Don't idle away your youth.
(2-e)　Boys, don't idle away your youth.

(3-a)　Stand up.　　　　　　　 (3-b)　Please stand up.
(3-c)　You, stand up.　　　　　 (3-d)　Don't stand up.

(4-a)　Open the door.　　　　　　　(4-b)　Don't open the door.
(4-c)　Please open the door.　　　　(4-d)　Tom, you open the door.

(5-a)　Walk slowly.　　　　　　　　(5-b)　Don't walk slowly.
(5-c)　Let's walk slowly.

(6-a)　Let's sit down.
(6-b)　Let's not sit down. = Don't let's sit down. (구어임)
(6-c)　Let's not make a noise.　　　(6-d)　Let's study English.

(7-a)　Tom goes to the park for a walk every day.
(7-b)　Tom never goes to the park for a walk.
(7-c)　Does Tom go to the park for a walk every day?
(7-d)　Doesn't Tom go to the park for a walk every day?
(7-e)　Tom, (you) go to the park for a walk every day.
(7-f)　Tom, (you) don't go to the park for a walk every day.

(8-a)　Tom sometimes complains of his small salary.
(8-b)　Tom seldom (또는 rarely) complains of his small salary.
(8-c)　Tom never complains of his small salary.
(8-d)　Tom, don't complain of your small salary.
(8-e)　Let's not complain of our small salary.

(9-a)　She often meets Jane.
(9-b)　Does she often meet Jane?
(9-c)　How often does she meet Jane?
(9-d)　Why does she often meet Jane?
(9-e)　Who meets Jane often ? 또는 Who often meets Jane ?
　　　　※ very often, quite often 등은 일반적으로 문장의 뒤에 사용한다.
　　　　보기) I meet him very often.

(10-a)　Let's play fair.　　　　　　　　(10-b)　Let's not throw away wastes.
(10-c)　Let's get together in Seoul tomorrow. (10-d)　Let's not give up the plan.
(10-e)　Let's put off our picnic.　　　　(10-f)　Let's play soccer.
(10-g)　Let's go back home.

연습문제 26

(1) the large room ⇨ The room is large.
(2) my red dress ⇨ My dress is red.
(3) this beautiful picture ⇨ This picture is beautiful.
(4) that difficult book ⇨ That book is difficult.
(5) her long hair ⇨ Her hair is long.
(6) the busy farmer ⇨ The farmer is busy.
(7) the happy student ⇨ The student is happy.
(8) my kind sister ⇨ My sister is kind.
(9) Tom's clever dog ⇨ Tom's dog is clever.
(10) that useful book ⇨ That book is useful.
(11) the young teacher ⇨ The teacher is young.
(12) your wise brother ⇨ Your brother is wise.

(13) this interesting book ⇨ This book is interesting.
(14) the tall player ⇨ The player is tall.
(15) the high mountain ⇨ The mountain is high.
(16) That beautiful girl wants this interesting book.
(17) The clever boy likes this honest student.
(18) The diligent farmer needs this new truck.
(19) The happy farmer works hard for his old mother.
(20) The tall student often goes to the new library.
(21) The rich doctor helps poor people.
(22) Look at my beautiful new silk dress.
(23) Don't drink that cold water.
(24) Let's help that poor student.

연습문제 27

(1) is   (2) girl   (3) Those   (4) These   (5) This
(6) are   (7) farmers   (8) are   (9) are   (10) are

연습문제 28

(1) These pictures are beautiful.
(2) The girls are kind.
(3) The tall boys are honest.
(4) The red dresses are beautiful.
(5) That car is expensive.
(6) This new bus is very expensive.
(7) The teacher is wise.
(8) This diligent farmer is kind.
(9) My brother studies very hard.
(10) The countries are very beautiful.

연습문제 29

(1) this dress ⇨ these dresses
(2) the boy ⇨ the boys
(3) that lady ⇨ those ladies
(4) the city ⇨ the cities
(5) the country ⇨ the countries
(6) that flower ⇨ those flowers
(7) this honest boy
(8) This boy is honest.
(9) these honest boys
(10) These boys are honest.

(11) the beautiful country
(12) The country is beautiful.
(13) the kind ladies
(14) The ladies are kind.
(15) the interesting book
(16) The book is interesting.
(17) those interesting books
(18) Those books are interesting.
(19) this slow train
(20) This train is slow.
(21) the very fast airplane
(22) The airplane is very fast.

연습문제 30

(1-a) The mountain is high.
(1-b) The mountains are high.
(2-a) My sister is busy.
(2-b) My sisters are busy.
(3-a) I am happy.
(3-b) We are happy.
(4-a) They are kind.
(4-b) Their mother is kind.
(5-a) The teacher is wise.
(5-b) The teachers are wise.

(6-a) Tom is tired.   (6-b) Tom's brother is tired.

(7-a) The city is large.   (7-b) The cities are large.
(8-a) This dress is very cheap.   (8-b) These dresses are very cheap.
(9-a) The farmer is poor.   (9-b) The farmers are poor.
(10-a) The boy is very brave.   (10-b) The boys are very brave.
(11-a) This book is very useful.   (11-b) These books are very useful.
(12-a) The red dress is long.   (12-b) The long dress is red.

연습문제 31

(1) a   (2) ×   (3) ×   (4) an   (5) an
(6) ×   (7) a   (8) ×   (9) an   (10) a
(11) an   (12) ×

1) 가장 앞에 있는 h자가 묵음이면 a대신에 an을 사용한다.
2) 가장 앞에 있는 u자의 발음이 [ju:]이면 an대신에 a를 사용한다.

an	honest	boy	a	useful	tool
⇩	⇩ ⇩ ⇩ ⇩ ⇩		⇩	⇩ ⇩ ⇩ ⇩ ⇩	⇩
ə n	× a n i s t		ə	ju: s × f ə l	u:
언	아니스트	보이	어	유스펄	툴
	정직한	소년		유용한	도구(연장)

연습문제 32

(1) am   (2) are   (3) are   (4) are   (5) is
(6) are   (7) is   (8) is   (9) are   (10) are

연습문제 33

(1) 그것은 재미있는 이야기다.
(2) 그 이야기는 매우 재미있다.
(3) 그이의 아내는 유치하다.
(4) 그이는 유치한 거짓말쟁이다.
(5) 그 비단옷은 매우 아름답다.
(6) 그 아름다운 비단옷은 나의 것이다.
(7) 그것은 매우 아름다운 호수다.
(8) 톰은 매우 뛰어난 테니스 선수다.
(9) 나는 한국인이다.
(10) 나의 아버지는 매우 부지런한 농부다.
(11) 이 빨간 드레스들은 매우 비싸다.
(12) 그들은 부유하고 정직한 상인들이다.

(13) 이 새 차는 나의 아버지의 것이다.
(14) 조심성 있는 운전사는 조심스럽게 운전한다.
(15) 나는 저 저렴한 빨간 드레스를 원한다.
(16) 제인은 저 아름다운 푸른 집에서 살고 있다.
(17) 그 불쌍한 소년에게 돌을 던지지 마라.
(18) 우리들은 그 정직하고 부지런한 녀석들을 좋아한다.
(19) 우리들은 저렴하고 튼튼한 차가 필요하다.
(20) 이것은 쉽고도 재미있는 이야기책이다.
(21) 그이는 작지만 강한 사람이다.
(22) 그이는 매우 영리하다. 그러나 슬기롭지는 않다.

연습문제 34

(1-a) This lake is very beautiful.
(1-b) This is a very beautiful lake.
(2-a) That flower is beautiful.
(2-b) That is a beautiful flower.
(3-a) The book is interesting.
(3-b) It is an interesting book.
(4-a) The teacher is kind.
(4-b) He is a kind teacher.
(5-a) The lady is happy.
(5-b) She is a happy lady.
(6-a) The dog is clever.
(6-b) It is a clever dog.

(7-a) The boys are brave.
(7-b) They are brave boys.
(8-a) The doctor is rich and kind.
(8-b) He is a rich and kind doctor.
(9-a) I am a happy boy.
(9-b) We are happy boys.
(10-a) This is a good pencil.
(10-b) These are good pencils.
(11-a) Tom is American.
(11-b) They are American.
(12-a) I am Korean.
(12-b) We are Korean.
(13-a) She is a beautiful lady.
(13-b) They are beautiful ladies.

연습문제 35

(1) Is his wife American?
(2) Is the story interesting?
(3) Is Jane my friend?
(4) Does Jane like my sister?
(5) Does he need a new car?
(6) Is it a new car?
(7) Is Tom a good student?
(8) Does Tom study hard?
(9) Are they teachers?
(10) Are these books interesting?

연습문제 36

(1) This is not my car.
(2) That camera is not yours.
(3) I am not tired.
(4) I do not want a camera.
(5) We do not need a good teacher.
(6) Tom does not know the wise farmer.
(7) Tom is not a wise farmer.
(8) They are not Korean.
(9) I don't go to bed late.
(10) The car is not expensive.

연습문제 37

(1-a) She is beautiful.
(1-b) Is she beautiful?
(1-c) She is not beautiful.
(2-a) This book is interesting.
(2-b) Is this book interesting?
(2-c) This book is not interesting.
(3-a) This is Tom's bag.
(3-b) Is this Tom's bag?
(3-c) This is not Tom's bag.
(4-a) Tom's father is a doctor.
(4-b) Is Tom's father a doctor?
(4-c) Tom's father is not a doctor.
(5-a) The dogs are clever.
(5-b) Are the dogs clever?
(5-c) The dogs are not clever.
(6-a) They are brave and young policemen.

(6-b)　Are they brave and young policemen?
(6-c)　They are not young policemen.
(7-a)　I am busy.　　　　　　　　(7-b)　Are you busy?
(7-c)　I am not busy.
(8-a)　He is my teacher.　　　　 (8-b)　Is he my teacher?
(8-c)　He is not my teacher.
(9-a)　Does Tom look up to (= respect) the musician?
(9-b)　Tom does not look up to the musician.
(9-c)　Doesn't Tom look up to the musician?

연습문제 38

(1-a)　Aren't you a student?
(1-b)　Yes, I am.　　　　　　　　(1-c)　No, I'm not.
(2-a)　Is Tom your friend?
(2-b)　Yes, he is.　　　　　　　　(2-c)　No, he is not.
(3-a)　Isn't Tom your brother?
(3-b)　Yes, he is.　　　　　　　　(3-c)　No, he isn't.
(4-a)　Aren't you tired?
(4-b)　Yes, I am.　　　　　　　　(4-c)　No, I'm not.

(5-a)　Do you meet her often ? = Do you often meet her?
(5-b)　Yes, I do.　　　　　　　　(5-c)　No, I don't.
(6-a)　Don't you hate her?
(6-b)　Yes, I do.　　　　　　　　(6-c)　No, I don't.
(7-a)　Is this your book?
(7-b)　Yes, it is.　　　　　　　　(7-c)　No, it isn't.
(8-a)　Isn't she Korean?
(8-b)　Yes, she is.　　　　　　　(8-c)　No, she is not.

연습문제 39

(1-a)	He is tall.	(1-b)	He is five feet eight inches tall.
(1-c)	Is he tall?	(1-d)	He is not tall.
(1-e)	Isn't he tall?	(1-f)	No, he is not.
(1-g)	Yes, he is.		
(2-a)	Mt. Baekdu is very high.	(2-b)	Mt. Baekdu is 2,744 meters high.
(3-a)	The street is wide.	(3-b)	The street is eighty meters wide.
(3-c)	Is the street wide?	(3-d)	Isn't the street wide?
(3-e)	No, it isn't.	(3-f)	Yes, it is.
(4-a)	My grandmother is very old.	(4-b)	My grandmother is eighty years old.
(5-a)	The sea is vey deep.	(5-b)	The sea is 1,000 meters deep.
(5-c)	Isn't the sea deep ?	(5-d)	Yes, it is.
(5-e)	No, it is not.		
(6-a)	Busan is far away from here. = Busan is distant (a long way) from here.		
(6-b)	Busan is 200 miles (away) from here.		
(7-a)	The building is very tall.	(7-b)	The building is 500 feet tall.
(8-a)	The book is thick.	(8-b)	The book is three inches thick.
(9-a)	The rope is very long.	(9-b)	The rope is 100 meters long.

연습문제 40

(1-a)	Tom likes her.	(1-b)	Tom does not like her.
(1-c)	Does Tom like her?	(1-d)	Who(m) does Tom like?
(1-e)	Who likes her?	(1-f)	Doesn't Tom like her? No, he doesn't.
(1-g)	Why does Tom like her?		

(2-a)　The doctor has a lot of money in the bag.
(2-b)　Does the doctor have much money in the bag?
(2-c)　What does the doctor have in the bag?
(2-d)　How many dollars does the doctor have in the bag?
(2-e)　How much money does the doctor have in the bag?

연습문제 41

(1-a) This is a knife.
(1-b) Is this a knife?
(1-c) No, it's not a knife.
(1-d) Isn't this a knife?
(1-e) No, it's not a knife.
(1-f) Yes, it is a knife.
(1-g) What is this?
(2-a) That is beef.
(2-b) Is that beef?
(2-c) Yes, it is.
(2-d) Isn't that beef?
(2-e) No, it's not (beef).
(2-f) What is that?
(2-g) It is pork.
(3-a) The boy is my son.
(3-b) Who is the boy?
(3-c) The girl's name is Mi-so Barn.
(3-d) What is the girl's name?

(4-a) Who is this student?
(4-b) He is my (younger) brother.
(5-a) What is your brother's name?
(5-b) His name is Chi-yong Barn.
(6-a) What are these?
(6-b) They are dishes.
(7-a) Aren't those sheep?
(7-b) No, they aren't.
(7-c) Then, what are they?
(7-d) They are goats.

* sheep의 복수는 그냥 sheep이다.

연습문제 42

(1) This car is mine.
(2) This is my car.
(3) Is this car Tom's?
(4) Is this Tom's car?
(5) Whose is this car?
(6) Whose car is this?
(7) Which is Jane's bag?
(8) Which bag is Jane's?
(9) Which is Jane's bag, this red one or that black one ?
   ※ one 대신에 bag를 사용해도 좋으나 one을 사용하는 것이 더 좋다
(10) This red bag is Jane's.
(11) Tom helps Jane.
(12) Who helps Tom?
(13) Which teacher helps Tom ?

(14) He likes apples.
(15) Does he like apples?
(16) What fruit does he like?
(17) Which fruit does he want, apples or pears?

(18) What is your hobby?   (19) Who teaches you?
(20) Which teacher teaches you?
(21) Which teacher teaches you, Mr. Kim or Mr. Park?
(22) What size are your shoes?   (23) What (kind of) fruit do you like?
(24) What color is your dress?

연습문제 43

(1) How well you speak!   (2) What a good speaker you are!
(3) How kind Yale Kim is!   (4) What a kind girl Yale Kim is!
(5) How brave Tom is!   (6) What a brave boy Tom is!
(7) How beautiful Jane is!   (8) What a beautiful girl Jane is!
(9) How fast this train runs!   (10) What a fast train this is!

(11) How wonderful your computer is!
(12) What a wonderful computer you have!
(13) How well she dances!   (14) What a good dancer she is!
(15) What fools they are!
(16) What a lucky day for me this is! = What a lucky day this is for me!
(17) What a good car you have!   (18) How well Tom plays the piano!

연습문제 44

(1-a) Tom is tall.   (1-b) Tom is five feet eight inches tall.
(1-c) Is Tom five feet eight inches tall?   (1-d) How tall is Tom?
(1-e) How tall Tom is!
(2-a) This street is very wide.   (2-b) This street is seventy meters wide.
(2-c) Is this street seventy meters wide?   (2-d) How wide is this street?
(2-e) How wide this street is!
(3-a) The poet is very old.   (3-b) The poet is ninety years old.

(3-c)　Is the poet ninety years old?　　(3-d)　How old is the poet?
(3-e)　How old the poet is!　　(3-f)　What an old poet he is!

(4-a)　His house is far away (a long way) from here.
(4-b)　His house is two miles (away) from here.
(4-c)　Is his house two miles (away) from here?
(4-d)　How far is his house from here?

(5-a)　This lake is 100 meters deep.　　(5-b)　Is this lake 100 meters deep ?
(5-c)　How deep is this lake?　　(5-d)　How deep this lake is!
(6-a)　She is very pretty.　　(6-b)　She is a very pretty dancer.
(6-c)　How pretty she is!　　(6-d)　What a pretty dancer she is!
(6-e)　How pretty is the dancer?
(7-a)　The dream is very strange.　　(7-b)　It is a very strange dream.
(7-c)　How strange the dream is!　　(7-d)　What a strange dream it is!

(8-a)　It is a very good chance.　　(8-b)　What a good chance it is!
(9-a)　The building is very tall.　　(9-b)　The building is 200 meters tall.
(9-c)　How tall is the building ?　　(9-d)　How tall the building is!
(9-e)　It is a tall building.　　(9-f)　What a tall building it is!
(10-a)　The bus is fast.　　(10-b)　How fast is the bus ?
(10-c)　How fast the bus is!　　(10-d)　The bus runs fast.
(10-e)　How fast does the bus run?　　(10-f)　It is a fast bus.
(10-g)　What a fast bus it is!

(11-a)　She lives happily.　　(11-b)　Does she live happily?
(11-c)　She lives a happy life.　　(11-d)　How happily she lives!
(11-e)　What a happy life she lives!
(12-a)　Does Susan study hard?　　(12-b)　How hard does Susan study?
(12-c)　How hard Susan studies!
(13-a)　He is a careful driver.　　(13-b)　What a careful driver he is!
(13-c)　He drives carefully.　　(13-d)　How carefully he drives!

(14-a)　The airplane is fast.　　(14-b)　How fast is the airplane?
(14-c)　How fast the airplane is!　　(14-d)　The airplane flies fast.

(14-e) How fast does the airplane fly? (14-f) How fast the airplane flies!
(14-g) It is a fast airplane. (14-h) What a fast airplane it is!
(15-a) The teacher teaches very well. (15-b) How well the teacher teaches!
(15-c) He is a good teacher. (15-d) What a good teacher he is!

연습문제 45

(1-a) Young-sun is proud of her school.
(1-b) Young-sun, (you) be proud of your school.
(2-a) You are kind. (2-b) Be kind.
(3-a) My mother is busy. (3-b) My mother is always busy.
(4-a) I'm tired. (4-b) Are you tired?
(5-a) I feel tired. (5-b) Do you feel tired?

(6-a) I sometimes get tired. (6-b) Do you sometimes get tired?
(7-a) He is always sure of himself. (7-b) Tom, always be sure of yourself.
(8-a) She is sick. (8-b) She sometimes gets sick.
(9-a) ① I like music.　② I'm fond of music.
(9-b) ① Do you like music?　② Are you fond of music ?
(10-a) Jae-in Barn is interested in English. (10-b) Are you interested in history?

(11-a) People are sick of war. 또는 People are tired of war.
(11-b) Snakes are afraid of man. (11-c) I'm sure of her success.
(11-d) I am able to speak English. (11-e) I am ashamed of your dishonesty.
(12-a) How foolish you are! (12-b) What a (wretched) jerk you are!
(13-a) How fine(smart, stylish) this car is! (13-b) What a fine car this is!
(13-c) What a fine car you have!
(14-a) What a book! (14-b) What a wonderful book this is!
(14-c) How wonderful this book is! (14-d) What a wonderful book you read!

연습문제 46

(1) (d)
(2) (b) / 문장의 뜻: (a) 우리들은 일반적으로 5시에 일을 마친다.
(3) (a) / is가 always의 앞에 있어야한다. 문장의 뜻: (a) 그는 늘 지각한다.
　　　　　　　　　　　　　　　　　　　　　　 (c) 항상 진실을 말해라.
　　　　　　　　　　　　　　　　　　　　　　 (d) 항상 겸손해라.
(4) (a) / is가 never의 앞에 있어야한다. 문장의 뜻: (b) 나는 그이와 함께 있으면 즐겁지가 않다.
　　　　　　　　　　　　　　　　　　　　　　 (d) 나는 극장(영화관)에 가는 일은 별로 없다.

* tell 말하다   보기) tell the truth 진실을 말하다, tell a lie 거짓말 하다

연습문제 47

(1-a)	Tom helps Jane.	(1-b)	Does Tom help Jane?
(1-c)	Who(m) does Tom help?	(1-d)	Who helps Jane?
(1-e)	Why does Tom help Jane?	(1-f)	Why doesn't Tom help Jane?
(2-a)	He has three sons.	(2-b)	How many sons does he have?
(3-a)	My aunt lives in the country.	(3-b)	Where does your aunt live?
(3-c)	My aunt does not live in the city.		

(4-a)　I go to Busan with my aunt tomorrow.
(4-b)　With whom do you go to Busan tomorrow?
(4-c)　Where do you go with your aunt tomorrow ?
(4-d)　How do you go to Busan tomorrow?
(5-a)　I am never late, but he is sometimes late.
(5-b)　I generally (or usually) get up early. I do not always get up early.

(6-a)	Go to school with him.	(6-b)	Let's go to school with him.
(6-c)	Don't go to school with him.	(6-d)	Let's not go to school with him.
(7-a)	What time do you usually finish your work?		
(7-b)	For whom do you work so hard?		
(7-c)	Why do you work so hard ?	(7-d)	How many people work with you?

(8-a)   I generally (or usually) feel airsick in the airplane.
(8-b)   I seldom feel airsick in the airplane.
(9-a)   Look at this beautiful flower.   (9-b)   Read that interesting book.
(9-c)   Don't read the difficult book.
(10-a) He is kind to her.   (10-b) He is not kind to her.
(10-c) He is seldom kind to her.   (10-d) He is always kind to her.
(10-e) Always be kind to her.   (10-f) He is never kind to her.

(11-a) He is very tall.   (11-b) He is six feet three inches tall.
(11-c) How tall is he?   (11-d) How tall he is!
(12-a) The water is cold.   (12-b) The water feels cold.
(12-c) Does the water feel cold?   (12-d) The water does not feel cold.
(12-e) I sometimes feel tired.   (12-f) I sometimes get tired.
(13-a) These are my books.   (13-b) These books are mine.
(13-c) How interesting these books are!   (13-d) What an interesting book this is!

연습문제 48

(1) is   (2) are   (3) are   (4) are   (5) is
(6) is   (7) are   (8) is

문장의 뜻

(1) 방바닥 (또는 마루바닥)에 인형이 하나 있다.   (2) 운동장에 많은 학생이 있다.
(3) 대문에 두 마리의 개가 있다.   (4) 바구니에 약간의 사과가 있다.   (5) 그 상자 안에 약간의 돈이 있다.
(6) 지하 창고에 많은 쌀이 있다.   (7) 그 길에 차들이 늘어서 있다.   (8) 그 집 앞에 차가 한 대 있다.

연습문제 49

(1) ⓐ <나는 돈을 조금은 가지고 있다>
(2) ⓐ   (3) ⓑ   (4) ⓑ   (5) ⓐ   (6) ⓑ

연습문제 50

(1) on the table
(2) under the table
(3) around the table
(4) by the table
(5) in front of my house
(6) near my house
(7) at the back of my house
(8) in my house
(9) between the two houses
(10) between you and me

(11) between us
(12) at the foot of the hill 또는 under the hill
(13) at (or on) the top of the hill
(14) under the tree
(15) along this road
(16) along the coast
(17) at the gate
(18) on the floor
(19) There are a lot of (=many) eggs in the basket.
(20) Are there many eggs in the basket ?

(21) There are some (or a few) eggs in the basket.
(22) There is no egg in the basket.
(23) There aren't any eggs in the basket.
(24) There are many trees around my house.
(25) There are four chairs around the table.
(26) There are seven days in a week.
(27) There are twenty-four hours in a day.
(28) There are a great number of stars in the sky.
(29) There are many books in her schoolbag.
(30) There are a few books in her schoolbag.

(31) Are there any books in her schoolbag?
(32) There is no book(not a book) in her schoolbag.
    또는 There are no books in her schoolbag.
(33) There aren't any eggs in the nest. ※ There are not any eggs ~ 는 불가
(34) There is a car in front of his house.
(35) There are two big dogs at the gate.
(36) There are three beautiful pictures on the white wall.
(37) There is a well in the middle of the garden.
(38) There are tall trees along the road.

(39) There is a beautiful village under the hill.
　　※ under대신에 at the foot of를 사용해도 된다.
(40) There is a large villa at the top of the hill.

(41) There are many animals in the zoo.
(42) There is a wall around the house.
(43) There are carts along the street.
(44) There is a cat by the fire. 또는 There is a cat beside the fire.
(45) Are there any flowers in the vase?
(46) Yes, there are some.　No, there aren't any.
(47) I sit between Jin-a and Jin-su.
(48) The train runs between Seoul and Busan.
(49) Come between two and three.
(50) There is no love between them.
(51) There is a beautiful lake over (or beyond, or behind) the hill.

연습문제 51

(1) 그 생일파티에 손님이 몇 분 와있습니까?
(2) 그 생일파티에 많은 손님이 와있습니다.
(3) 그 상자 안에 무엇이 있냐?
(4) 그 바구니 안에 계란이 몇 개 있습니까?
(5) 그 바구니 안에 열 개의 계란이 있다.
(6) 이 세계에 몇 나라가 있습니까?
(7) 태양 아래 (이 세상에) 평화는 없다.
(8) 지하 저장소에 포도주가 얼마 있냐 ?
(9) 그들 사이에는 애정이 없다. (=그들은 애정이 없다)
(10) 너 고민(걱정거리) 있냐?

(11) 그 부엌에 비스킷 좀 있냐?
(12) 너 질문사항 있냐?
(13) 그 냉장고 안에 약간의 우유가 있다.
(14) 그 주차장 안에 새 차 좀 있지 않니?　대답 1: 그래, 있지 않아.　대답 2: 아니, 좀 있어.
(15) 어떤 소년이 그 답을 알고 있다. 그게 누구지?
(16) 모든 일이 다 단조로운 것은 아니다. 재미있는 일도 있으니까.
(17) 그 도구상자 안에 연장 좀 있어요?　예, 좀 있습니다.
(18) 이 근방에는 아무 가게도 없다.
(19) 먹을 것 좀 드릴까요?　1. 예, 좀 주세요.　2. 아니, 괜찮아요.
(20) 그 바구니 안에 빵 좀 있어요?　1. 예, 좀 있어요.　2. 아니 전혀 없어요.

연습문제 52

(1-a) There are five pictures on the wall.
(1-b) Are there five pictures on the wall?
(1-c) How many pictures are there on the wall ?
(1-d) There is no picture on the wall. 또는 There are no pictures on the wall.
(1-e) There aren't any pictures on the wall.
(1-f) Are there any pictures on the wall?

(2-a) There are two cars in front of your house.
(2-b) Are there two cars in front of your house?
(2-c) How many cars are there in front of your house?
(2-d) What is (there) in front of your house?
(2-e) Are there any cars in front of your house?
　　　(ㄱ) Yes, there are some (cars).　(ㄴ) No, there aren't any (cars).
(2-f) There is no car in front of your house.
(2-g) There isn't any car in front of your house.
　　　※ not any는 불가.
　　　예 : There are not any cars ~ (×),　There aren't any cars ~ (○)
(3) 　　There is no snow on the hill.　　(4)　There are many fires every year.
(5-a) There is a good deal of wine in the cellar.
(5-b) What is (there) in the cellar?　　(5-c) How much wine is there in the cellar?

(6-a) There is no love between Tom and Jane.
(6-b) There is no peace in the world.
(7-a) There is no money in the safe.　(7-b) How much money is there in the safe?
(7-c) How many dollars are there in the safe?
(7-d) What is (there) in the safe?

연습문제 53

(1-a) There is a well near my house. (1-b) The well is near my house.
(1-c) There was a well near my house. (1-d) The well was near my house.
(2-a) There is a taxi in front of your house.
(2-b) His taxi is in front of your house.
(2-c) There was a taxi in front of your house.
(2-d) His taxi was in front of your house.

(3-a) There are many countries in Asia. (3-b) Korea is in Asia.
(4-a) Tom is in the garden. (4-b) There are two boys in the garden.
(5-a) There are ten students in the hall. (5-b) There were ten students in the hall.
(5-c) The students are in the hall. (5-d) The students were in the hall.
(6-a) They are in Seoul. (6-b) They were in Seoul.

(7-a) There are a number of cars in the parking lot.
(7-b) There were a number of cars in the parking lot.
(7-c) My car is in the parking lot. (7-d) My car was in the parking lot.
(8-a) There is a little money in the safe. (8-b) The money is in the safe.
(8-c) The money was in the safe.
(9-a) I am hungry. (9-b) I was hungry yesterday.
(10-a) Tom is busy. (10-b) Tom was busy yesterday.

(11-a) They are brave soldiers. (11-b) They were brave soldiers.
(12-a) My father is a policeman. (12-b) My father was a policeman last year.
(13-a) He is not young. (13-b) He was not young.
(14-a) This is my house. (14-b) This was my house.
(14-c) This is not my house. (14-d) This was not my house.
(15-a) I am able to play the piano. (15-b) I was able to play the piano.
(16-a) I am fond of swimming. = I like swimming.
(16-b) I was fond of swimming. = I liked swimming.

(17-a) I'm interested in English. (17-b) I was interested in English when young.
(18-a) Jane is very kind. (18-b) Jane was very kind.
(19-a) I'm proud of you. (19-b) I was proud of you.

(20-a) My mother is an able teacher. (20-b) My mother was an able teacher.
(20-c) She was not an able teacher.

연습문제 54

(1-a) Tom and Jane are at the back of your house.
(1-b) Are Tom and Jane at the back of your house?
(1-c) Where are Tom and Jane?
(1-d) Who is at the back of your house?
(1-e) Tom and Jane were at the back of your house.
(1-f) There is a stranger at the back of your house.

(2-a)	This cat was under the table.	(2-b)	Was this cat under the table?
(2-c)	Where was this cat?	(2-d)	Which cat was under the table?
(3-a)	Where is your father?	(3-b)	He is under the tree.
(4-a)	Where is Susan?	(4-b)	She is at the gate.
(5-a)	Where is my watch?	(5-b)	It is in the drawer.
(6-a)	Where is Tom?	(6-b)	He is in the middle of the garden.
(7-a)	Where are the policemen?	(7-b)	They are along the street.
(8-a)	What is (there) in the box?	(8-b)	Whose jewel is in the box?
(8-c)	How many jewels are there in the box?		
(9-a)	I was in Busan yesterday.	(9-b)	Where am I?

연습문제 55

(1) I like her.   (2) She likes me.
(3) They help us.   (4) We help them.
(5) Jane goes to the library with her brother every day.
(6) Does Jane go to the library with her brother every day?
(7) With whom does Jane go to the library every day?

(8) He needs a lot of beer and wine. (a lot of = much)

(9) What do you need?
(10) Write in ink.
(11) Don't write in ink.
(12) Let's write in ink.
(13) Let's not write in ink.
(14) There are a number of (=many) animals in the zoo.

(15) Are there many animals in the zoo?
(16) This is an interesting novel.
(17) That is my camera.
(18) It is Tom's camera.
(19) These are easy books.
(20) What are those?
(21) They are butterflies.
(22) Whose books are they?

(23) I often visit the teacher.
(24) Why do you meet him so often?
(25) Who phones you so often?
(26) The mountain is high.
(27) The mountain is 1,000 meters high.
(28) How high is the mountain?
(29) How high the mountain is!
(30) I am interested in English.
(31) She is able to play the piano.
(32) He is proud of his father.
(33) Be kind to her.
(34) Don't be rude to her.
(35) The kind old doctor helps many poor people.
(36) That beautiful lady lives in this new house.

(37) There is a cow under the tall tree.
(38) Is there a cow under the tall tree?
(39) How many cows are there under the tall tree ?
(40) What is there under the tall tree?
(41) Your cow is under the tall tree.
(42) Whose cow is under the tall tree?
(43) Who is under the tall tree?
(44) Where is your cow?
(45) What price is this book ? = How much is this book ?

(46) What color is her car?
(47) He plays the piano very well.
(48) How well he plays the piano!
(49) What a wonderful personal computer you have!
(50) Why are you late so often?

연습문제 56

1	스탙트	2	크레스트	3	프레클	4	프렌드
5	테이블	6	스쿠즈	7	플랜트	8	샘플즈
9	믹스트	10	컨트리	11	스트림	12	블랙큰
13	위쉬트	14	원트	15	우먼	16	유어즈
17	요우크	18	쉬글	19	쉐어	20	튕클
21	섈로우	22	트렘블	23	쉐이킹	24	메져
25	크래쉬	26	쉐이브	27	세이브	28	레프트
29	스노우이	30	쓰루아웉	31	스트라잌	32	블라인드
33	스프레드	34	트러불	35	프린시펄	36	그라운드리스

연습문제 57

1	크레이	2	스카이	3	클린	4	미들
5	드로잉	6	텍스트	7	넥스트	8	스틸즈
9	스트라잌	10	튕클	11	어드밑	12	리퓨즈
13	뷰티	14	스프링클	15	저스티스	16	젠틀
17	쏘트리스	18	마우쓰	19	위다웉	20	미션
21	스테이션	22	헤이트리드	23	아웉사이드	24	플레저
25	비젼	26	텔리비젼	27	언서튼	28	유니피케이션
29	스티뮤레이트	30	유니버시티	31	스트레인저	32	스트로베리
33	애트머스피어	34	베니피셜	35	필라서피	36	어파트먼트
37	웰씨	38	웨더	39	워디	40	스프레이

연습문제 58

1	레이크	2	레인	3	레이트	4	네임
5	케이크	6	메이크	7	페일	8	대드
9	팬	10	냎	11	맾	12	나인

13	파인	14	타일	15	나일	16	바이트
17	빝	18	핀	19	코운	20	노우트
21	비-크	22	(길게)빈	23	(길게) 신	24	(길게) 심
25	(길게) 쿨	26	쓰레트	27	트리트	28	시티
29	센터	30	서머	31	미들	32	서-
33	리더	34	브러더	35	클래스	36	(길게) 문
37	다크	38	오더	39	더티	40	피쳐

연습문제 59

1	뱅크	2	카인드	3	싱글	4	싱크
5	샌드	6	쌩크	7	댄	8	핑거
9	기브	10	진저	11	기프트	12	겔
13	저먼	14	젠틀	15	지아그러피	16	포운
17	래프	18	하이	19	타이트	20	터프
21	프리페어	22	프레이즈	23	그레이스	24	매니지
25	퓨처	26	인런드	27	체어먼	28	페인펄
29	세일러	30	콜	31	쉐이프	32	미션
33	인벤션	34	거들	35	글레어	36	글로리어스
37	(길게) 날	38	씨어터	39	씽	40	웨더

- 끝 -

술술 다 되는
반가운 영어 1

지은이 반가운
발행인 반미령, 김동철
출판사 아하

1판 1쇄 발행 2016년 2월 25일

편　집 에버라스팅가스펠출판사
디자인 양건호, 김명경
일러스트 양건호, 김예일
인　쇄 보진재

☆AHA (우) 10860 경기도 파주시 탄현면 국화향길 60-36

전화문의 (031) 947-0579, 010-5473-4266, (02) 428-4266

팩　스 (02) 415-4491, (031) 947-0579

이 메 일 eduosun@naver.com

출판등록 2015년 12월 1일 제 406-2015-00146

Copyright 2016. 반가운 All rights reserved.

저자 및 출판사의 허락 없이 이 책의 일부 또는 전부를 무단으로 복제·전재·발췌할
수 없습니다. 구입 후 철회는 회사 내규에 부합하는 경우에 가능하므로 구입문의처에
문의하시기 바랍니다. 분실·파손 등에 따른 소비자 피해에 대해서는 공정거래위원회에서
고시한 소비자 분쟁 해결 기준에 따라 보상 가능합니다.

값 **18,000** 원

ISBN　979-11-957104-2-3
ISBN　979-11-957104-1-6 (세트)